Degustação de vinhos: rigor e paixão

JOSÉ LUIZ BORGES

Ilustrações de Nik Neves

SÃO PAULO 2020

Copyright © 2020, Editora WMF Martins Fontes Ltda.
São Paulo, para a presente edição.

Todos os direitos reservados. Este livro não pode ser reproduzido, no todo ou em parte, armazenado em sistemas eletrônicos recuperáveis nem transmitido por nenhuma forma ou meio eletrônico, mecânico ou outros, sem a prévia autorização por escrito do editor.

1ª edição 2020

Preparação de texto
Silvia Mascella Rosa

Revisões
Marisa Rosa Teixeira
Janaína de Mello Fernandes

Produção gráfica
Geraldo Alves

Capa, projeto gráfico e paginação
Carla Castilho e Lia Assumpção | janela estúdio

DADOS INTERNACIONAIS DE CATALOGAÇÃO NA PUBLICAÇÃO (CIP)
(CÂMARA BRASILEIRA DO LIVRO, SP, BRASIL)

Borges, José Luiz
    Degustação de vinhos : rigor e paixão / José Luiz Borges — São Paulo : Editora WMF Martins Fontes, 2020.

    Bibliografia.
    ISBN: 978-85-469-0315-3

1. Vinhos - Degustação 2. Vinhos e vinificação I. Título.

19-31838   CDD-641.22

Índices para catálogo sistemático:
1. Vinho : Degustação : Alimentos e bebidas   641.22
Cibele Maria Dias — Bibliotecária — CRB-8/9427

Todos os direitos desta edição reservados à
Editora WMF Martins Fontes Ltda.
Rua Prof. Laerte Ramos de Carvalho, 133 01325-030 São Paulo SP Brasil
Tel. (11) 3293-8150 e-mail: info@wmfmartinsfontes.com.br
http://www.wmfmartinsfontes.com.br

ÍNDICE

7 APRESENTAÇÃO

11 INTRODUÇÃO:
O BEBER INFORMAL E A DEGUSTAÇÃO

17 ANATOMIA E FISIOLOGIA DOS ÓRGÃOS
DOS SENTIDOS

39 ORIGEM QUÍMICA DOS ATRIBUTOS
DOS VINHOS

71 TÉCNICAS DE DEGUSTAÇÃO

99 JULGAMENTO DE VINHOS

121 DISCUSSÃO

133 NOTAS

APRESENTAÇÃO

/

Os grandes vinhos nos despertam forte estimulação sensorial, seja por sua cor ou pelo seu brilho, seja pelo seu aroma agradável, intenso, complexo e misterioso, seja, finalmente, por seu sabor único. Essa qualidade de estimular nossos sentidos, de forma intensa e agradável (ou instigante), também é característica da Arte. Outra qualidade dos grandes vinhos compartilhada com as obras de arte é a sua unicidade, uma identidade que permite reconhecê-los entre outros tantos.

Se considerarmos o vinho uma obra de arte (alguns o são!), nos defrontaremos com um velho problema da filosofia da estética. A beleza é uma propriedade real do objeto julgado ou está nos olhos de quem julga?

Acredito que o vinho, por si só, traga prazer a quem o bebe, mas o conhecimento das vias sensoriais fisiológicas e das técnicas de degustação pode tornar o consumo dessa bebida ainda mais prazeroso. Dominar as técnicas de degustação é cognição que permite decodificar aspectos do vinho que não se revelam espontaneamente. Compreendê-los nos traz um grande prazer intelectual que se soma ao prazer "dionisíaco", visceral, que o simples beber do vinho nos causa.

Além da apreciação hedônica do vinho, a degustação técnica permite ao consumidor comum a identificação das características dessa bebida, tornando possível a seleção daquelas que mais o agradam.

Para os profissionais, degustar de maneira técnica e sistematizada possibilita a descrição pormenorizada do vinho, o que permite enquadrá-lo em diferentes categorias qualitativas e estilísticas. Essa categorização é fundamental para vários profissionais do vinho, como os *sommeliers*, tanto os que trabalham em restaurantes como aqueles que atuam como consultores de importadoras e lojas de vinho. O *sommelier* que degusta de forma técnica e rigorosa os vinhos que oferecerá a seus clientes o faz com mais segurança e precisão.

Destinado àqueles que desejam se aprofundar na degustação de vinhos, este livro preenche uma lacuna na literatura nacional. Oferece ao leitor os fundamentos anatômicos e fisiológicos da percepção e da discriminação sensorial, revela quais são as substâncias químicas responsáveis pelo aspecto, aroma e sabor do vinho e apresenta um modelo sistematizado para sua degustação e descrição. Os mecanismos neurológicos e psicológicos de enganos e viés da degustação são descritos, bem como a sua influência nas opiniões exaradas por críticos de vinho.

O conhecimento dessas fontes de engano no resultado das degustações convida o leitor a uma reflexão ao interpretar críticas e opiniões a respeito do vinho que pretende consumir. Além disso, instiga o degustador à autocrítica, evidenciando que o progresso na prova de vinhos somente se dá com a prática frequente e sistematizada da degustação e o exercício da humildade diante dos erros inevitáveis.

Assim, convido o leitor a degustar com frequência, seriedade e às cegas sem, contudo, omitir a diversão e o prazer dessa prática!

José Luiz Alvim Borges

INTRODUÇÃO: O BEBER INFORMAL E A DEGUSTAÇÃO

1

O vinho proporciona mais prazer quando bebido de maneira informal ou quando degustado formalmente? Existem defensores para as duas práticas e pouca discussão mais profunda sobre o assunto.

Pensando na complexidade das relações de prazer entre o homem e o vinho, acredito que a degustação pode ser, em determinadas situações, mais prazerosa do que o simples ato de beber. No entanto, para confirmar essa tese, é preciso descrever e definir as duas práticas, e é a isso que me proponho nesta obra.

O beber informal do vinho

O prazer que uma taça de vinho pode proporcionar não integra a sua essência, ao menos não em sua química original. É em nossos cérebros que os estímulos gerados pelos diferentes compostos da bebida interagem e nos avisam de que há muito o que desfrutar nessa experiência.

O álcool estimula os sistemas neurais envolvidos nos mecanismos de recompensa e adição às substâncias que podem causar dependência. Uma rede de neurônios é ativada por variados estímulos que chegam aos núcleos da base cerebral liberando a dopamina — substância capaz de estimular estruturas cerebrais que provocam intensas sensações de prazer —, que também é despertada pela comida, pelo sexo e por drogas como a cocaína e as anfetaminas. Infelizmente, para os apreciadores de vinho, são esses mesmos "centros de prazer" que mediam a adição às drogas (incluindo o álcool).

Por isso, o vinho como produto alimentar e bebida alcoólica pode proporcionar o prazer puramente fisiológico. Sob esse ponto de vista, o beber descompromissado é muito satisfatório. Esse prazer exclusivamente sensorial é aumentado pelos estímulos conscientes decorrentes da circunstância social agradável em que o vinho é consumido. Embora não seja condição indispensável para o beber informal, ter uma companhia se impõe para criar um ambiente que aumente as sensações de contentamento. O alimento que acompanha o vinho soma-se às fontes de prazer pela via inconsciente dos mecanismos de recompensa citados e pela sua apreciação consciente de cor, aroma e sabor.

Assim, o beber informal do vinho provoca prazeres que podem ser intensos mas que tendem a ser de natureza predominantemente sensorial. Por isso, outro aspecto importante para a análise dessa modalidade de consumo do vinho é que o prazer sensorial por ela despertado só pode decorrer do consumo de bons vinhos ou de um excesso de ingestão alcoólica que provocará efeitos euforizantes.

A degustação
O processo formal de degustação, por sua vez, envolve numerosas premissas. São elas:

Conhecimento / Para exercer sua atividade, o degustador já deve ter um perfeito entendimento do objeto de sua análise. Não é possível degustar vinhos sem conhecimento das características essenciais da bebida. O desenvolvimento de uma linguagem descritiva técnica do vinho também é necessário para exercer essa atividade.

Desejo / O desejo de degustar é condição *sine qua non* para que a experiência seja otimizada. A antecipação mental da degustação e o pensamento mágico provocam associações entre os vinhos que serão provados e as situações agradáveis já vividas ou, ainda, lembranças de locais e viagens associadas ao consumo despertando a vontade de revivê-las.

Necessidade / A necessidade primária de provar analiticamente o vinho para compreendê-lo deve ser condição aceita pelo degustador.

Rigor e disciplina / As normas da degustação, como prova às cegas, silêncio, incomunicabilidade e adequação do ambiente, precisam ser obedecidas para que o processo seja válido.

Comedimento / O processo formal de degustação impõe àqueles que a fazem o comedimento na ingestão do vinho, para que seja possível manter a capacidade crítica e o discernimento no julgamento durante todo o processo.

Esforço / A degustação é uma atividade reflexiva que exige esforço para seu aprendizado e sua prática, não podendo ser feita por indivíduos não treinados.

Resultado / A degustação deve produzir um resultado que tanto espelhe o entendimento do processo quanto descreva com precisão o objeto da análise (o vinho).

A degustação formal (que também é capaz de despertar o simples prazer sensorial quando o vinho tem qualidade) pode proporcionar boas sensações estéticas ainda mais complexas que envolvem a transformação de estímulos sensoriais meramente perceptuais em representação consciente. A prática da degustação desencadeia estados mentais mistos, com um componente sensorial que envolve percepções e emoções, e outro componente originário da conscientização das sensações e, portanto, com conteúdo.

O prazer pode advir, por exemplo, do cumprimento das diversas etapas e premissas da degustação, sendo a realização desse processo, disciplinado e reflexivo, recompensante, bem como do reconhecimento do saber, da capacidade de entendimento do vinho e da produção de um resultado. No entanto, o prazer maior provém da capacidade de entender por que determinadas características do vinho desencadeiam ou não sensações hedônicas. Note-se que, nesse caso, a qualidade da bebida não é condição indispensável para o prazer degustativo. Da mesma forma, os efeitos euforizantes do álcool são desnecessários. Trata-se de puro hedonismo* intelectual.

Obviamente essas duas abordagens do vinho não constituem posições maniqueístas, dividindo-as entre certa e errada, boa ou má. Na imensa maioria das situações cotidianas ocorre um misto de beber descompromissado e de degustação. A ocasião vai ditar a melhor maneira de consumir o vinho. É a sensibilidade de cada um que mostrará quando é melhor degustar ou simplesmente beber, para que nos seja sempre permitido apreciar plenamente o vinho.

---

* N.A.: Hedonismo: palavra de origem grega (*Hedonikos*) que significa "prazeroso". Corrente filosófica surgida na Grécia que determina como objetivo último de qualquer ação o prazer.

ANATOMIA E FISIOLOGIA
DOS ÓRGÃOS DOS SENTIDOS

/

Nihil est in intellectu quod prius non fuerit in sensu
(Não há nada no intelecto que não tenha
existido anteriormente nos sentidos)
Tomás de Aquino

Os órgãos dos sentidos constituem nossa interface com o ambiente. Por meio deles percebemos os sinais do mundo exterior, os quais são processados nas camadas superiores do cérebro, tornando-se realidade cognitiva.

A evolução desses órgãos permitiu a sobrevivência da espécie humana. Sem a olfação, como perceber — a tempo de fugir — o incêndio em nossa habitação ou, ainda, detectar o alimento deteriorado? A visão sempre nos permitiu observar o inimigo ao longe e o tato nos afasta imediatamente de objetos quentes ou pontiagudos que podem causar os ferimentos. Os mecanismos de percepção sensorial recebem, da mesma forma, os estímulos de perigo e de prazer.

As vias nervosas, que levam os estímulos sensoriais ao córtex cerebral, são integradas em uma área denominada córtex orbitofrontal. Essa área, além da integração sensorial, parece ser responsável pelo reforço dos valores afetivos, pelos processos decisórios e pela mediação das experiências prazerosas. Essa integração entre visão, olfação e paladar, cuja função biológica primordial é otimizar a busca de alimentos adequados, também pode levar a erros de avaliação. Assim, nossos sentidos podem ser ilusórios, sendo necessária uma cuidadosa análise, baseada na experiência vivencial, das informações por eles trazidas.

Felizmente, nos últimos anos, houve um considerável avanço no entendimento dos mecanismos sensoriais. O grande desenvolvimento da biologia molecular e da genômica permitiu desvendar muitos processos envolvidos na geração das sensações, por estímulos efetivos nos receptores sensoriais e sua condução aos centros neurais, que as identificarão e as avaliarão. Reflexo dessa intensa atividade de pesquisa é a outorga, na última década, de dois prêmios Nobel a pesquisadores que estudaram mecanismos sensoriais moleculares. O prêmio Nobel em Química, de 2012, foi concedido a Robert J. Lefkowitz e a Brian K. Kobilka, por seus estudos acerca dos receptores acoplados às proteínas. G. Richard Axel e Linda Buck receberam o prêmio Nobel em Fisiologia ou Medicina de 2004 pela descoberta dos receptores de odorantes e da organização do sistema olfatório.

No que diz respeito ao vinho, uma volumosa pesquisa científica tem investigado sua composição química e a relação entre seus componentes e suas características organolépticas.

Para nossa melhor compreensão e estudo, os órgãos dos sentidos, cujas anatomia e fisiologia serão descritas a seguir, estão plenamente envolvidos na degustação informal e na degustação técnica de vinhos.

Visão

O olho é um sofisticado instrumento óptico desenvolvido pelas pressões evolucionárias da seleção natural durante milhões de anos. Esse órgão sensorial nos permite captar uma faixa do espectro luminoso — a radiação visível —, constituindo uma importante interface com a organização estrutural do mundo.

O feixe de luz emitido pelos objetos atravessa a transparente membrana anterior do olho, a córnea, e chega ao cristalino. Essa estrutura assemelha-se a uma lente e é deformável pela ação dos músculos aos quais se fixa. Ao atravessar o cristalino, a luz sofre refração controlada pela alteração da forma dessa lente. Esse processo promove o foco do feixe luminoso na retina, tecido nervoso localizado na parte posterior do olho.

A retina é uma projeção do sistema nervoso central fora da caixa craniana. Única parte desse sistema observável de forma não invasiva, ela é uma camada de cerca de 0,5mm de espessura que reveste a face posterior interna do globo ocular. Curiosamente, a retina dos vertebrados é "invertida" no sentido de que os segmentos sensíveis à luz dos neurônios receptores estão voltados para a região mais externa do olho. Como a retina está na parte posterior do olho, o feixe de luz, que chega frontalmente através do cristalino, deve atravessar toda a espessura da retina para estimular as células receptoras.

Dois tipos de células receptoras sensíveis à luz convertem a energia luminosa captada em atividade elétrica: os cones e os bastonetes. Os cones são responsáveis pela visão diurna e pela distinção de cores e brilho. Já aos bastonetes, por sua vez, competem a visão de penumbra e a distinção de claro e escuro. Nós, mamíferos, apresentamos cones sensíveis às faixas espectrais da luz visível correspondentes às cores verde e vermelho. Os primatas, especificamente, apresentam três tipos de cones: os sensíveis à faixa de onda luminosa, que decodificamos como vermelho; os sensíveis ao verde e aqueles que respondem ao azul. Essa sensibilidade específica dos cones é devida aos seus fotopigmentos, proteínas chamadas "fotopsinas". Há três tipos de fotopsinas, cuja resposta máxima corresponde a três faixas de comprimentos de onda da luz. De acordo com a sua fotopsina, existem cones sensíveis às ondas curtas, de aproximadamente 420 nanômetros (nm); os S-cones (azuis), cones sensíveis às ondas de comprimento médio, na faixa de 530nm; os M-cones (verdes) e os cones sensíveis às ondas longas, que respondem à faixa de cerca de 560nm e constituem os L-cones (vermelhos). O gradiente de sensibilidade dos cones, em conjunto, permite a detecção do espectro de comprimentos de onda da luz visível, em torno de 380 a 780nm.

Quando os receptores para vermelho e verde são igualmente estimulados, enxergamos o amarelo e, se os três tipos de cone são homogeneamente estimulados, enxergamos o branco. Os três cones, atuando em conjunto, distinguem 200 tonalidades, 20 níveis de saturação e 500 níveis de brilho. A combinação desses parâmetros nos propicia 2 milhões de gradações de cores.

Segundo tipo de células fotossensíveis, os bastonetes também apresentam um pigmento reativo à luz, a rodopsina, formada a partir de um precursor e da vitamina A. A degradação da rodopsina pela energia luminosa provoca a excitação e a resposta dos bastonetes, que são responsáveis pelo branco e preto e pelo claro-escuro.

Os sinais emitidos pelos cones e bastonetes são transmitidos a outras células da retina cujos axônios reunidos constituem o nervo óptico. O estímulo é então conduzido de volta para a frente por essas células, gerando impulsos elétricos que são organizados e transmitidos ao cérebro pelo nervo óptico.

As fibras que compõem os nervos ópticos direito e esquerdo, ao chegar à base do diencéfalo em seu trajeto rumo à parte posterior do cérebro, cruzam parcialmente para o lado oposto. Na espécie humana, na estrutura denominada quiasma óptico, 60% das fibras cruzam para o hemisfério contralateral (decussação), enquanto as demais continuam seu caminho ipsilateralmente. Após o quiasma óptico, os axônios das células ganglionares passam a constituir o trato óptico, que contém fibras provenientes de ambos os olhos. Essa arquitetura complexa faz com que as imagens originárias de nosso lado direito sejam também processadas no lado esquerdo do cérebro e vice-versa. A via visual primária termina no córtex visual primário, conhecido como área 17 de Brodmann ou V1, no lobo cerebral temporal. Nessa área, o estímulo gerado pela luz na retina será decodificado, integrado e interpretado, transformando a sensação em percepção e em fenômeno cognitivo.

Como visto acima, a nossa visão das cores é fruto de uma complexa integração dos estímulos recebidos pelos três tipos de cones. Esse tipo de visão em indivíduos normais é denominado tricromatismo. A ausência ou o não funcionamento de um ou mais cones levam a diferentes modalidades de cegueira à cor. Cerca de 8% dos homens e 0,5% das mulheres apresentam alterações congênitas da visão colorida. Sabe-se que a presença dos diferentes tipos de cones é determinada por genes específicos. Os genes que codificam os pigmentos vermelho e verde localizam-se em regiões adjacentes do cromossomo X, o que explica as diferenças de prevalência das discromatopsias congênitas entre homens e mulheres. Já o gene para o pigmento azul encontra-se no cromossomo 7.

Olfação

Os sistemas sensoriais associados ao nariz e à boca são responsáveis pela percepção das substâncias químicas do meio ambiente. Assim, a olfação, o gosto e as sensações táteis trigeminais[*] são denominados "sensos químicos". A olfação é importante na seleção dos alimentos, bem como nas funções reprodutivas e maternais. Os estímulos olfativos também influenciam as respostas emocionais e a regulação neuroendócrina.

A olfação nos permite identificar um grande número e variedade de substâncias químicas do meio externo. Estima-se que os seres humanos possam perceber de 10 mil a 100 mil substâncias químicas como tendo odores distintos. Esses "odorantes", diferentemente das substâncias sápidas (aquelas com sabor), precisam ser moléculas pequenas e voláteis para poder ser transportadas pelo ar da fonte emissora até o sistema olfatório.

Um dos mais antigos na evolução dos mamíferos, esse sistema caracteriza-se pela excepcional sensibilidade e pelo alto poder discriminatório. Esta última qualidade é verificada pelo fato de mínimas alterações na

---

[*] N.A.: Os nervos trigêmeos, localizados em ambos os lados da cabeça, são o quinto par dos nervos cranianos. Têm função motora e sensitiva e recebem esse nome por se dividirem em três: nervos oftálmico, mandibular e maxilar. Sua principal função motora é controlar os músculos da mastigação. Seu componente sensitivo recebe os estímulos táteis, térmicos e dolorosos da face, dos olhos, do nariz, da boca, da faringe e do ouvido externo e transmite-os ao cérebro.

estrutura molecular de um odorante poderem determinar percepções de odores diferentes.

Transportados pelo ar que inspiramos, os odorantes chegam às narinas e à cavidade nasal, onde estruturas ósseas conhecidas como conchas ou cornetos dirigem o fluxo aéreo para a parte posterior e superior da cavidade. Nessa região, uma pequena área do epitélio de revestimento da cavidade nasal contém as terminações dos neurônios sensitivos olfativos. Nos humanos, essa área (a placa olfativa) tem 2-4 cm^2 e contém de 10 a 20 milhões de células receptoras. Ao chegar à placa olfativa, as substâncias odorantes dissolvem-se no muco que recobre o epitélio. Nesse muco proteínas fixadoras das substâncias odorantes e alguns anticorpos específicos propiciam o transporte e a apresentação dos odorantes às terminações sensitivas dos neurônios receptores. Na membrana celular dessas estruturas, encontram-se os denominados receptores acoplados às proteínas G (uma importante classe de proteínas, de origem multigênica, presentes nos mamíferos, que se ligam às substâncias sápidas ou odorantes).

Sabe-se que o homem tem cerca de 330 receptores de odorantes, enquanto o camundongo possui aproximadamente mil. Esses números sugerem que entre 1 e 2% do genoma humano são genes dedicados à produção dessas proteínas, índice menor somente do que o número de genes ligados ao sistema imunológico!

Cada neurônio sensitivo apresenta apenas um tipo de receptor de odorantes, mas cada um dos receptores pode se acoplar a várias substâncias odorantes. Uma vez realizado o acoplamento da molécula odorante com os receptores, estes se ativam e iniciam o processo de transdução, no qual um estímulo de natureza química ou física se transforma em energia elétrica, transmitida em corrente pelos neurônios aos centros cerebrais, onde será decodificada e interpretada. A resposta dos neurônios sensitivos olfatórios a distintas combinações de odorantes é, portanto, deflagrada pelo acoplamento dos odorantes aos receptores olfativos com sua consequente ativação seguida da transdução. Diferentes odorantes são discriminados por códigos combinatórios gerados pela estimulação de diversos receptores, originando distintas percepções olfativas.

Os neurônios sensitivos atravessam uma placa do osso etmoide (que fica na base do crânio e forma o teto da cavidade nasal) e transmitem o estímulo diretamente a uma estrutura cerebral denominada bulbo olfativo, onde se conectam em estruturas denominadas glomérulos, e às células mitrais. Cada glomérulo contém dendritos apicais (finos prolongamentos dos neurônios que captam os estímulos) de aproximadamente 25 células mitrais, que se conectam com os axônios de cerca de 25 mil neurônios receptores olfativos. Essa convergência provavelmente aumenta o sinal e a sensibilidade das células mitrais.

Os axônios das células mitrais reunidos constituem o trato olfatório lateral. Através dele, o bulbo olfatório envia ramos para estruturas que, em conjunto, são denominadas córtex olfativo primário. Essas estruturas podem ser divididas em três grupos: o núcleo olfatório anterior, o córtex olfatório rostral e o córtex olfatório lateral. O córtex olfatório primário conecta-se com áreas corticais e subcorticais cerebrais que não são consideradas parte integrante desse sistema. Assim, o córtex olfatório primário e o núcleo olfatório anterior enviam fibras eferentes para o tálamo e hipotálamo e alguns neurônios do córtex piriforme enervam uma região do córtex orbitofrontal, apresentando neurônios multimodais que respondem a estímulos olfatórios e gustativos. Por essa via, os odorantes influenciam os comportamentos cognitivos, viscerais, emocionais e homeostáticos. Assim, a aquisição de conhecimento decorrente da exposição a determinados odores (o das pessoas, o do ambiente de trabalho etc.) pode acarretar comportamentos reacionais específicos. As emoções (alegria, tristeza, humor) podem ser influenciadas por exposição a odores e acarretar diferentes comportamentos. Um odor sentido durante uma experiência emocional significativa pode, quando ante outra ocasião, despertar a mesma resposta emocional e modificar, de forma compatível, o comportamento. Odores agradáveis de comida estimulam a atividade visceral com as contrações gástricas da fome e a salivação. Náuseas e vômitos podem advir da exposição a cheiros repugnantes.

Gustação

As palavras "gosto" e "sabor" são frequentemente utilizadas de forma indiscriminada. Entretanto, o gosto é um de nossos sentidos, enquanto o sabor é uma percepção mais complexa, composta de sensações gustativas, olfativas e táteis. O sentido do gosto (ou gustação) nos permite perceber as substâncias presentes nos alimentos e no que quer que levemos à boca, distingui-las e, assim, ingerir, seletivamente, nutrientes e evitar a ingestão de venenos e toxinas.

O ser humano pode distinguir cinco diferentes gostos: o doce, o salgado, o amargo, o ácido ou azedo e o umami. Este último, reconhecido recentemente, é a sensação causada pelo glutamato monossódico, assim como pelo L--aminoácido aspartato. A existência de uma sensação gustativa associada especificamente às gorduras é discutível.

A via gustativa começa pelo estímulo às células sensoriais do gosto. Existem quatro tipos dessas células; as do tipo I têm função de suporte e as do tipo IV são as prováveis progenitoras dos demais tipos. Ambas não possuem capacidade de gerar estímulos decodificáveis como sensação gustativa. Tal função fica a cargo dos tipos II e III. As células sensoriais gustativas reúnem-se em botões gustativos. Nessas estruturas, 50 a 100 células estão agrupadas numa forma oval. Uma pequena abertura, o poro gustativo, situada no ápice do botão, permite a entrada de substâncias sápidas (aquelas com a propriedade de estimular as células gustativas). Os botões gustativos estão presentes nas papilas gustativas, visíveis na superfície da língua.

Assim como as células sensoriais gustativas, também existem quatro tipos de papilas gustativas.

I - As papilas filiformes são as mais numerosas, mas não possuem sensibilidade gustativa. Sua função é a sensibilidade tátil.

II - As papilas fungiformes, em forma de cogumelo, cobrem os 2/3 anteriores da língua e são inervadas por um dos ramos do nervo intermédio-facial, denominado "corda do tímpano". Existem cerca de 200 dessas papilas na língua, contendo 25% dos botões gustativos. Calcula-se que a língua tenha em torno de 1.250 desses botões em papilas fungiformes.

III - Localizadas nas laterais da língua, posteriormente, as papilas foliáceas são mais sensíveis ao gosto ácido e são inervadas pelo nervo glossofaríngeo. Em média, ocorrem duas delas de cada lado da língua com cerca de 600 botões gustativos cada uma ou, aproximadamente 25% dos botões gustativos foliáceos da língua.

IV - As papilas circunvaladas são as maiores, com formato peculiar. Elevações com uma depressão central cercada por uma "parede elevada", elas estão situadas na parte posterior da língua, no chamado V lingual. São sensíveis ao gosto azedo e, particularmente, ao amargo. Seu número varia de três a 13, contendo 25 botões gustativos cada uma. Essas papilas albergam, portanto, cerca de 50% dos botões gustativos linguais. O nervo responsável pela veiculação dos estímulos por elas desencadeados é o glossofaríngeo.

Outros 2.500 botões gustativos estão dispersos na orofaringe, começo do esôfago e epiglote. Sua inervação é feita pelo nervo vago.

Transdução

As moléculas sápidas, responsáveis pelos cinco gostos, dissolvem-se na saliva, penetram nos botões gustativos através de seus poros e entram em contato com receptores das células gustativas do tipo II. Aí, elas se ligam a receptores de substâncias sápidas ligadas às proteínas G (GPCR, conforme explicado na parte da Olfação). A partir da ativação desses receptores ou de canais iônicos, começa o processo de transdução, ou seja, a cascata de reações que acabam por promover a despolarização da membrana das células sensoriais gustativas, transformando o estímulo químico em impulso elétrico transportável pelas vias nervosas até o sistema nervoso central, onde ocorrerão a integração e a decodificação desses impulsos.

Vale lembrar que o cérebro humano só processa estímulos elétricos. Portanto, todos os estímulos químicos ou físicos (como os da olfação e da gustação) precisam ser transformados em corrente elétrica. São os receptores químicos existentes nos neurônios que fazem esse processo, chamado "transdução".

Uma importante família desses receptores é composta de membros denominados T1R1, T1R2 e T1R3, recém-descoberto. Os gostos doces agradáveis e o umami são mediados por essa família de GPCRs. Essas moléculas associam-se formando novas moléculas que se ligam às substâncias de gosto doce, sejam elas sacarídeos ou não.

Fundamentais para a percepção do gosto doce, os receptores T1R estão expressos em subgrupos de células receptoras de substâncias sápidas (TRC). Há três grupos dessas células: as que coexpressam T1R1 e T1R3 (T1R1+3), as que coexpressam T1R2 e T1R3 (T1R2+3) e aquelas que somente expressam T1R3. Demonstrou-se que o T1R2+3 é o receptor ao doce que responde a todas as categorias de substâncias doces, sejam açúcares naturais, adoçantes artificiais e d-aminoácidos.

O gosto umami é dado pela ligação do monoglutamato de sódio a receptores como o Taste-mGluR4, Taste--mGluR1 ou a uma molécula, o T1R1/T1R3 (T1R1+3), resultante da combinação dos dois receptores.

Os receptores de substâncias sápidas ligados à proteína G (GPCR) para o gosto amargo pertencem a outra grande família, a T2R.

A partir da estimulação dos GPCRs, a transdução dos gostos doce, amargo e umami ocorre por duas vias principais, com moléculas que agem como "segundo mensageiro" nessa cascata. Uma delas é a adenosina monofosfato cíclica (cAMP). No caso da via gustativa, foi descrita uma proteína G específica, conhecida como Gα gustaducina, encontrada pela primeira vez nas células que expressam T2R, que se ativa com o aumento de concentração da cAMP. As alterações da concentração de cAMP levam, finalmente, a outras reações de fosforilação* que causam a inibição dos canais de potássio das células sensoriais gustativas, o que despolariza a célula e provoca a secreção de neurotransmissores. Outro "segundo mensageiro" é a liberação de cálcio intracelular mediada pelo inositol trifosfato (IP3), com ativação do receptor de potencial transitório do tipo melastatina TRPM5, despolarizando a célula e liberando o neurotransmissor ATP. A ativação do TRPM5 pode ser a via comum na transdução dos gostos doce, amargo e umami.

As substâncias de gosto azedo podem estimular canais específicos (PKD2L1) ou atuar pelos canais epiteliais de sódio. O gosto ácido é percebido nas células sensoriais do tipo III. O salgado é transduzido pela entrada de sódio na célula através dos canais de sódio denominados Enac, semelhantes aos existentes nos rins. O aumento da concentração de sódio na célula induz à despolarização e à geração de neurotransmissores.

Comunicação entre as células sensoriais gustativas

As células gustativas do tipo II são apenas receptoras, pois não estabelecem conexões com os neurônios que se dirigem ao sistema nervoso central. Já as células do tipo III comunicam-se diretamente com as fibras nervosas por meio de sinapses e enviam sinais para o sistema

---

* N.A.: Fosforilação é a adição de um grupo fosfato a uma molécula, ocasionando alteração de sua função bioquímica.

nervoso central. Assim, a continuidade da transmissão do estímulo exige uma comunicação entre as células dos tipos II e III. Estimuladas, estas últimas liberam neurotransmissores, provavelmente a serotonina, para a fibra nervosa sensorial que se despolariza e transmite o impulso até o cérebro.

Integração no sistema nervoso central

Todos os estímulos provocados por substâncias sápidas desencadeiam reações de diferentes qualidades e intensidades nas células sensoriais, que são captadas pelos nervos facial, glossofaríngeo e vago e levadas até a medula espinal e ao núcleo do trato solitário, que causa reflexos não conscientes de rejeição ou aceitação dos estímulos. Este núcleo medular conecta-se ao núcleo ventral posteromedial do tálamo e, a partir daí, novas conexões nervosas levam o estímulo ao chamado córtex gustativo primário, na área opérculo-insular. Os neurônios dessa área respondem à identidade e à intensidade do gosto; no entanto, sua resposta não é atenuada pela saciedade, ou seja, provar maior quantidade não altera a percepção. Novas conexões levam o estímulo integrado ao córtex gustativo secundário ou orbitofrontal. Essa área representa as qualidades sensoriais, afetivas e hedônicas (ou prazerozas) da comida. Aí, ocorre a integração com as sensações olfativas, visuais e táteis.

Finalmente, pode se produzir a percepção do gosto a partir de dois modelos de representação neural dos estímulos recebidos pelas células sensoriais. A hipótese

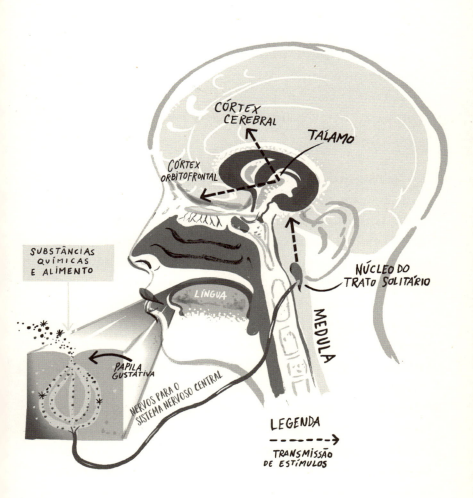

chamada *labeled line* afirma que uma qualidade específica de gosto ativa determinados neurônios que, por outro lado, permanecem inativos na ausência do estímulo. Segundo a hipótese *across-neuron pattern*, não há neurônios específicos para os gostos que são determinados por uma ativação conjunta de uma combinação própria de vários neurônios, correspondendo a um padrão que se correlaciona com um gosto. O conhecimento atual parece confirmar a hipótese *labeled line*.

Sistema quimiossensorial trigeminal

Esse sistema consiste, em sua maior parte, em neurônios receptores noceptivos multimodais (receptores sensíveis a estímulos aversivos ou agressivos que são interpretados pelo cérebro como diferentes sensações dolorosas) cujos axônios correm pelos ramos do nervo trigeminal. Esses neurônios nociceptores são, tipicamente, estimulados por substâncias químicas tidas como "irritantes", tais como: dióxido de enxofre, etanol, ácido acético e amônia, mentol e dióxido de carbono, além da capsaicina (responsável pelo ardor nas pimentas, exceto a pimenta-do-reino). Sua função é alertar o organismo sobre o risco potencial das substâncias químicas que podem ser ingeridas, inspiradas ou que tenham contato com os olhos ou outras estruturas faciais. Essas informações são levadas pelos ramos oftálmico, mandibular e maxilar ao componente espinal do gânglio trigeminal, que as envia ao núcleo ventral posterolateral do tálamo e depois ao córtex somatossensorial, que processa a irritação e as dores oral e facial. Alguns dos neurônios nociceptivos da boca enviam seus axônios a ramos dos nervos vago e glossofaríngeo. Além dos neurônios nociceptivos existem, na mucosa oral, mecanorreceptores (receptores sensíveis a manipulação física, pressão ou estímulo mecânico), cujas fibras aferentes correm pelos nervos infraorbital, corda do tímpano, lingual e glossofaríngeo. Esses receptores permitem a distinção de texturas, por exemplo, na percepção da efervescência dos espumantes.

ORIGEM QUÍMICA
DOS ATRIBUTOS DOS VINHOS

/

Cor

A simples inspeção visual nos permite estabelecer a tipologia do vinho e antever, embora de forma pouco precisa, algumas de suas características. A cor do vinho deve-se aos pigmentos, primariamente originários da uva, mas também de sua passagem por madeira e seu envelhecimento.

Determinadas faixas de onda do espectro da luz incidente sobre o vinho são por ele absorvidas, e as demais são refletidas. Assim, a cor do vinho tinto resulta da absorção de todas as faixas de onda, exceto o vermelho.

Os pigmentos responsáveis pela cor do vinho tinto são as antocianinas, que existem nas uvas sob a forma de glucosídeos compostos de glicose, e um componente flavonoide denominado antocianidina. A posição dos grupos metoxila e hidroxila, que se ligam ao anel B da antocianidina, determina cinco diferentes tipos de antocianinas: a cianina, a delfinidina, a malvidina, a peonina e a petunidina. Os tons azulados aumentam com o número de hidroxilas livres, enquanto os vermelhos aumentam com a metoxilação. A malvidina é a antocianina mais abundante nas uvas tintas e a mais "metilada", o que explica a cor vermelha mais intensa de vinhos tintos jovens. Além disso, cada uma das antocianinas nos vinhos ocorre em um equilíbrio dinâmico de cinco estados moleculares. Um dos estados é ligado ao dióxido de enxofre. As demais, dentro do pH do vinho, tendem a ser incolores. A pequena proporção que existe sob a forma do cátion flavílio é responsável pela cor vermelha. Essa proporção é pH dependente, aumentando com o seu decréscimo. A elevação do pH acarreta o aumento do estado quinoidal das antocianinas, desviando a cor do vinho para o azul-violeta. O envelhecimento do vinho tinto traz, como consequência, o bem conhecido desvio da cor, que dos tons purpúreos evolui gradativamente para o vermelho e depois para as tonalidades alaranjadas e amareladas. Uma das principais causas desse fenômeno é a formação dos chamados pigmentos poliméricos, menos sensíveis ao pH e ao dióxido de carbono, permitindo a expressão de sua cor. Um dos compostos de relevo é o polímero formado pelas antocianinas com as procianidinas. Outros importantes pigmentos são as piranoantocianinas, mais alaranjadas do que as antocianinas e responsáveis por até 50% dos pigmentos presentes em um vinho de cinco anos em média.

Os elementos que dão cor ao vinho branco são menos conhecidos, mas acredita-se que o amarelo-palha claro, frequentemente exibido, seja conferido pela extração limitada e oxidação de flavonóis, como a quercitina e o kaempferol. A cor dourada que advém com a idade é proveniente da oxidação dos fenóis e do ácido galacturônico, além da caramelização dos açúcares por reações de Maillard.

Aroma

Os aromas dos vinhos, tradicionalmente classificados como primários, secundários ou terciários, são gerados por moléculas odorantes nele presentes (ver tabela da p. 54). Os primários provêm de substâncias que estão presentes na uva e permanecem mais ou menos tempo no vinho. Os aromas secundários são gerados pelos processos fermentativos e pelo estágio em madeira. Já os terciários são aqueles que se desenvolvem ao longo dos anos, em vinhos com potencial de envelhecimento em garrafa, na ausência de oxigênio (envelhecimento redutivo). Esse conjunto de aromas é conhecido por *bouquet*.

Ocorrem, também, aromas defeituosos, que devem ser identificados pelo degustador e podem desclassificar o vinho para consumo.

Aromas primários
As uvas provenientes da grande maioria dos cultivares de *Vitis vinifera* não apresentam aromas característicos.

Algumas exceções são o aroma cítrico ou floral presente nas variedades Muscat e os aromas vegetais, ou de pimentão, observáveis na Cabernet Sauvignon e nas castas a ela relacionadas, como a Merlot, a Cabernet Franc, a Petit Verdot e a Carménère. No caso das Muscat (Moscato — Muscat de Alexandria, Muscat Canelli, Muscat de Hambourg, Muscat Ottonel e Muscat Orange) e outras variedades relacionadas (Riesling, Sylvaner, Gewürztraminer, Müller-Thurgau e outras), o aroma primário é devido à presença nas uvas de compostos conhecidos como monoterpenos, derivados da estrutura básica isopreno (2-metil-1,3-butadieno, C_5H_8). Os monoterpenos são habitualmente hidrocarbonetos (mirceno, limoneno), mas também existem como alcoóis (geraniol, nerol, linalool) e aldeídos (geranial, neral). Quando um vinho de moscatel exibe aroma de limão, é porque o terpeno responsável pelo aroma de limão dessa fruta também estava presente na uva que originou a bebida.

No caso da Cabernet Sauvignon e suas correlatas, o aroma vegetal ou de pimentão é devido à presença nos frutos de compostos pirazínicos, especialmente de 2-metoxi-3-isobutilpirazina. A concentração desse composto é mais alta em uvas provenientes de regiões frias e, principalmente, em uvas que não são colhidas em sua plena maturidade. Outro cultivar rico em pirazinas é a Sauvignon Blanc[*].

---

[*] N.A.: A variedade Cabernet Sauvignon, reconhecida mundialmente entre as mais importantes uvas tintas, é fruto do cruzamento natural das variedades Cabernet Franc e Sauvignon Blanc.

Além das substâncias químicas odorantes responsáveis pelos aromas primários, as uvas viníferas contêm numerosos compostos não voláteis e, portanto, não odorantes, que são precursores de outros componentes aromáticos do vinho. São eles: ácidos fenólicos, conjugados S-cisteína, carotenoides, lípides insaturados, S-metilmetionina e glicoconjugados, que examinaremos a seguir.

Ácidos fenólicos / São ácidos hidroxicinâmicos, que nas uvas ocorrem como ésteres com o ácido tartárico. Os mais comuns são o ácido caftárico e o ácido coutárico, que dão origem, no vinho, aos vinil-derivados odorantes 4-vinil-fenol e 4-vinil-guaiacol. Essa reação é mediada pela cinamato decarboxilase da *Saccaromyces cerevisiae* (a levedura). As catequinas inibem essa conversão e os aromas atribuídos a esses fenóis são pouco significantes nos vinhos tintos. No entanto, as catequinas não inibem a cinamato decarboxilase das leveduras contaminantes do gênero *Brettanomyces*, podendo haver a transformação dos vinilfenóis em etilfenóis, gerando odores defeituosos de estábulo, garanhão e camundongo. Nos vinhos brancos e rosados, os vinilfenóis podem exercer alguma influência aromática. O vinil-guaicol pode contribuir para o aroma varietal da Gewürztraminer.

Um dos poucos derivados fenólicos que se apresentam como componentes primários das uvas é o éster metilantranilato, substância presente em quantidades significativas nas uvas de cultivares de *Vitis labrusca* (como a Isabel ou a Bordô, por exemplo) e responsável pelo aroma característico dos vinhos elaborados com essas variedades, conhecido como "foxado". No entanto, o metilantranilato pode ser detectado, em pequenas quantidades, também em uvas viníferas, como a Pinot Noir, a Riesling e a Sylvaner.

Os conjugados S-cisteína / São precursores não voláteis, não odorantes dos tióis, voláteis e odoríferos. Esses compostos são derivados da molécula de L-cisteína, com uma cadeia carbônica ligada ao átomo de enxofre. A atividade da enzima, conjugados S-cisteína β liase, durante a fermentação alcoólica por *Saccharomyces cerevisae*, quebra a ligação tioéster liberando a fração tiol aromática. Os tióis também são chamados mercaptanos, e os mais importantes no vinho são o 4-mercapto-4-metil-pentan-2-ona (4MMP), o acetato de 3-mercapto-hexan-1-ol (A3MH), o 3-mercapto-hexan-1-ol (3MH), o 4-mercapto-4-metil-pentan-2-ol (4MM POH) e o 3-mercapto-3-metil-butan-1-ol (3MMB). O 4MMP confere aos vinhos de Sauvignon Blanc um forte odor de buxeira (pequena árvore ornamental) e de giesta (flor amarela arbustiva). O 3MH associa-se ao aroma de toranja. Este último composto e o seu derivado, o A3MH, também compõem o perfil aromático do maracujá, enquanto o 3MMB apresenta aromas de alho-poró cozido.

Os carotenoides da uva / Representados principalmente pelo betacaroteno, são precursores dos C_{13}-norisoprenoides, odorantes potentes. Os caminhos de formação desses compostos, como a α e a β-ionona, são pouco conhecidos. Este último aporta um aroma de violeta e framboesa ao vinho.

Ácidos graxos insaturados / Estão presentes, como o ácido linoleico e o linolênico. Esses lipídeos são liberados após o esmagamento das uvas, no estágio pré-fermentativo, e degradados pela enzima lipo-oxigenase nos chamados compostos C-6, como o hexanal e o 2-hexenal, que possuem aromas vegetais, de grama.

A S-metilmetionina (SMM) / Originária das uvas, está presente também no vinho. Após o engarrafamento e a guarda adequada em condições anaeróbicas, a SMM é transformada em dimetilsulfeto, poderoso odorante que, dependendo da sua concentração, pode trazer aromas finos ou defeituosos ao vinho. Em pequenas quantidades o aroma característico é o de milho e/ou aspargo. Em concentrações mais altas, o odor passa a ser de repolho cozido ou camarão. As concentrações presentes em vinhos de qualidade, sujeitos a longa guarda, são relacionadas ao fino aroma de trufa negra que esses vinhos podem apresentar.

Algumas substâncias voláteis estão presentes nas uvas *Vitis vinifera*, ligadas a glicosídeos, formando glicoconjugados. Há diferentes subtipos desses compostos, de acordo com a fração glicídica: apiose, rhamnose e arabinose. Esses grupos podem estar ligados a monoterpenoides, alcoóis, norisoprenoides e fenóis voláteis, entre outros.

Aromas secundários

Os aromas secundários são gerados pelos processos fermentativos e pelo estágio em madeira. A fermentação alcoólica pouco acrescenta ao aroma dos vinhos. Essa reação libera energia em forma de calor que, juntamente com a abundância de açúcares fermentáveis e a disponibilidade de oxigênio, propicia a enorme proliferação das leveduras e a formação de muitas outras substâncias pelo seu metabolismo, além do etanol. Algumas dessas substâncias são os ésteres neutros ou voláteis.

Existem cerca de 300 dessas moléculas no vinho e algumas, de importância aromática (os acetatos), são formadas pela reação entre o etanol ou outros alcoóis de cadeia curta (álcool isoamílico e isobutílico) e o ácido acético. Por seu baixo peso molecular, esses ésteres são voláteis e influenciam fortemente o aroma dos vinhos jovens, contribuindo para seu caráter frutado. Daí o nome *fruity esthers*.

O acetato de isoamila tem forte odor de banana, frequentemente reconhecido no Beaujolais Nouveau e em outros vinhos de maceração carbônica. O acetato de benzila lembra o aroma de maçãs. Por sua vez, o acetato de etila, que apresenta odor de esmalte de unhas ou de cola de aeromodelo, pode estar presente nos vinhos botritizados, pois as microperfurações causadas pela *Botrytis cinerea* no exocarpo da uva permitem a penetração da bactéria acética. Esse microrganismo transforma o etanol em ácido etanoico (acético), que gerará o acetato de etila. Aparentemente, os acetatos trazem uma contribuição maior ao aroma do vinho do que os etil-ésteres de ácidos graxos. No entanto, a combinação desses dois grupos de ésteres é a responsável pela maior qualidade aromática dos vinhos.

Outra classe de substâncias responsáveis por aromas secundários são os ácidos orgânicos de molécula pequena, os chamados ácidos graxos de cadeia curta. Em decorrência de seu baixo peso molecular, esses compostos se desprendem facilmente do vinho constituindo a acidez volátil. O metabolismo das leveduras é o responsável pela síntese de vários desses ácidos graxos. O mais importante dentre eles é o ácido acético, que em concentrações abaixo do limiar de reconhecimento (cerca de 400mg/l) aumenta a complexidade do vinho. Acima desse limite, o odor de vinagre passa a ser reconhecido e se configura como um defeito. O ácido acético responde por mais de 90% da acidez volátil. Outros ácidos dessa classe são o ácido fórmico de odor pungente, o propiônico com odor de gordura e o butírico com cheiro de manteiga rançosa. Ácidos de cadeia mais longa, entre seis e dez carbonos, apresentam um odor que pode ser descrito como "de bode".

O estágio em madeira passa ao vinho substâncias responsáveis por outros aromas secundários. Dentre essas, a β-metil-γ-octalactona é a origem do aroma de coco, enquanto a vanilina responde pelo aroma de baunilha e o benzaldeído, pelo de amêndoas amargas.

Aromas terciários

São aqueles aromas que se desenvolvem ao longo dos anos em vinhos com potencial de envelhecimento em garrafa na ausência de oxigênio (envelhecimento redutivo). Esse conjunto de aromas é conhecido por *bouquet*. Seu desenvolvimento acompanha-se da perda dos aromas varietais e frutados. A longa guarda do vinho deve, portanto, trazer complexidade aromática e maciez e compensar essa perda. A gênese do *bouquet* é pouco conhecida. Nos vinhos brancos aromáticos, a perda de terpenos e o aparecimento de seus óxidos são características que podem aportar diferentes aromas. Esses compostos têm limiar de percepção mais alto e características aromáticas diferentes. Assim, o óxido de linalool apresenta aroma de eucalipto em vez do aroma floral do linalool. Outros processos podem gerar aromas terciários. Um deles, já visto, é a hidrólise de glicoconjugados, liberando substâncias aromáticas. A hidrólise desses compostos pode, com o envelhecimento, liberar as moléculas aromáticas como os fenóis voláteis. Paralelamente, a degradação dos carboidratos do vinho dá origem a compostos altamente aromáticos como o aldeído 2-furfural com seu odor de caramelo. Como descrito acima, outra molécula, que aparentemente apresenta papel importante no *bouquet*, é o dimetilsulfeto formado a partir de precursores como os aminoácidos, que contêm enxofre. A formação do *bouquet* de redução caracteriza-se, também, pelo decréscimo da concentração de acetatos e etil-ésteres com aumento da concentração de etil-ésteres de ácidos dipróticos.

Defeitos aromáticos
(ver tabela da p. 55)

Oxidação
A principal causa da oxidação é a guarda inadequada do vinho, com as garrafas em pé ou sob calor excessivo. Tais condições afetam as características da rolha, permitindo a entrada de ar na garrafa e o contato dos componentes de vinho com o oxigênio. A reação deste com o etanol gera o acetaldeído, substância de forte intensidade aromática que lembra o aroma de xerez oloroso, vinho do Porto, de vermute, de nozes torradas ou de maçã "machucada".

Redução
As modernas práticas de vinificação tendem, com frequência, a elaborar os vinhos em ambiente redutivo, isolando-o sistematicamente do contato com o oxigênio. Essa prática não é inócua, podendo acarretar alguns defeitos no vinho, como os odores de redução, de garrafa, de "luz" e de "sol" (o efeito fotoquímico da luz exacerba esse problema), descritos como a falta de nitidez aromática, odor ligeiramente desagradável, de caráter aliáceo, lembrando por vezes o suor.

   O meio redutivo propicia a formação de compostos do enxofre, como o sulfeto de hidrogênio, os mercaptanos, os tióis e o dimetilsulfeto. Os odores defeituosos associados a esses compostos são o cheiro de ovo podre, de repolho, de borracha queimada e o de milho cozido. Outras características, ditas varietais, como o aroma de urina de gato e de maracujá dos vinhos de Sauvignon Blanc, são reconhecidamente devidas às substâncias 4-mercapto-4-metilpentan-2-ona e acetato de 3-mercaptohexanol, ambos compostos de enxofre voláteis.

Dois fatores que contribuem para a diminuição do potencial redox são a concentração de dióxido de enxofre (SO_2) e as borras, que agem como antioxidantes absorvendo o oxigênio.

Outra possível causa de defeitos aromáticos associados à redução é a tendência atual de fechamento das garrafas com o sistema *screwcap*, que veda o recipiente de forma mais efetiva que a rolha de cortiça e que as rolhas de polímeros. Alguns defeitos aromáticos, particularmente o cheiro de borracha, têm sido associados a essa forma de vedação.

A grande arte do enólogo é equilibrar a vinificação redutiva com pequenos aportes de oxigênio para que as verdadeiras características varietais e de *terroir* se expressem ao lado da preservação do frescor e dos aromas frutados propiciados pela vinificação em ausência de oxigênio.

A sabedoria enológica, que se desenvolveu por séculos, nos dá um claro exemplo desse equilíbrio. Vinhos brancos que descansam sobre suas borras (vimos que as leveduras mortas agem como antioxidantes, diminuindo o potencial redox) tendem a desenvolver aromas de redução. A prática secular da *bâtonnage*, além de extrair produtos favoráveis da massa de leveduras, introduz pequenas quantidades de oxigênio no vinho, restabelecendo o equilíbrio entre redução e oxidação.

Bouchonée

O defeito conhecido como *bouchonée* é caracterizado como um odor mofado, de papelão ou de cachorro molhado. Diferentes compostos podem acarretar esses odores defeituosos no vinho. O mais importante deles é o 2,4,6-tricloroanizol (2,4,6-TCA), que surge como produto da atividade de fungos presentes na rolha. Essa substância, juntamente com o 2,3,4,6-tetracloroanizol e o pentacloroanizol, responde por ao menos 80% dos casos de vinhos *bouchonée*. A prevalência desse defeito é de 2 a 7% dos vinhos. A provável via de síntese do 2,4,6-TCA é a O-metilação de clorofenóis, precursores altamente tóxicos como o fungicida pentaclorofenol. O cloro, proveniente do branqueamento das rolhas com hipoclorito, também pode estar envolvido na gênese de anizóis. Embora diversas cepas de fungos convertam o 2,4,6-triclorofenol em 2,4,6-TCA, as linhagens *Trichoderma* e *Fusarium* são as mais ativas. Outros odores mofados podem ser atribuídos à produção de guaicol (2-metoxifenol) por fungos dos gêneros *Penicillium* e *Aspergillus*. Outras substâncias, tais como a geosmina (trans-1,10-dimetil-trans-9-decalol) e o R(-)-1-octen-3-ol, com origem no metabolismo fúngico, podem contribuir para o odor mofado dos vinhos.

Ácido acético e acetato de etila

A formação do ácido acético deve-se a bactérias dos gêneros *Acetobacter* e *Gluconobacter*, que podem proliferar no vinho na presença de oxigênio. Esses microrganismos oxidam o etanol a acetaldeído, que, por sua vez, é oxidado a ácido acético. Como já considerado, o ácido acético é responsável por mais de 90% da acidez volátil do vinho, habitualmente entre 0,2 e 0,4g/l. A concentração de ácido acético no vinho não deve ultrapassar 0,7g/l. Acima dessa concentração um odor avinagrado, ou mesmo pungente, passa a ser percebido. O acetato de etila sempre é sintetizado pelas bactérias acéticas como um produto colateral da formação do ácido acético. O limiar de detecção está entre 150 e 200mg/l. O odor conferido por concentrações acima do limiar de detecção é o de verniz de unha.

Outros defeitos aromáticos

Numerosos outros odores defeituosos podem ocorrer nos vinhos. O excesso de dióxido de enxofre, substância utilizada em várias etapas da vinificação, traz odores de fósforo queimado à bebida. Outra substância usada como preservativo, o sorbato, pode propiciar o desenvolvimento de odores defeituosos descritos como "gerânio".

A diacetila, produto do metabolismo de fungos e bactérias, costuma estar presente em pequenas concentrações no vinho. Seu aroma de manteiga, se sutil, pode ser agradável, sendo frequente nos vinhos da uva Chardonnay. Sua concentração acima do limiar de reconhecimento confere odores desagradáveis à bebida.

Os etilfenóis gerados por fungos do gênero *Brettanomyces/Dekkera*, como citado, são responsáveis por aromas defeituosos descritos como de estábulo, de garanhão e de camundongo.

Compostos reduzidos de enxofre podem ser responsáveis por odores defeituosos do vinho. Os mercaptanos trazem odores de esterco animal ou de cebola podre, enquanto o dissulfeto apresenta odor que lembra o repolho cozido ou camarão. Compostos relacionados com o 2-mercaptoetanol e o 4-(metiltio)butanol geram, respectivamente, odores intensos de estábulo e cebolinha/alho.

ORIGEM MOLECULAR DOS AROMAS FREQUENTES NO VINHO

AROMA	MOLÉCULA
Abricó	Gama-decanolida
Agárico	Octeno-1-ol-3
Anis	Anetol
Banana, bombom inglês	Acetato de isoamila
Baunilha	Vanilina
Buxo, urina de gato	4-metil-4-mercapo-penta-2-ona
Canela	Fenil-3-propenal
Cebola	Etanetiol
Couro, esterco	Etil-4-fenol
Cravo	4-vinilguaiacol
Fruta exótica	Beta-damascenona
Limão	Citronelol
Manteiga, avelã	Diacetila
Mel	Ácido feniletílico
Moscado	Muscone
Noz, *curry*	Sotolon
Pera	Acetato de hexila
Pêssego	Undecalactona
Pimentão verde	2-metoxi-3-isobutil-pirazina
Querosene	1,1,6-trimetildi-hidronaftaleno
Rosa	Geraniol, acetato de feniletila
Trufa	Dimetilsulfeto
Vinagre	Acetato de etila
Violeta, framboesa	Beta-ionona

DEFEITOS AROMÁTICOS E SUAS MOLÉCULAS ASSOCIADAS

DEFEITO	CAUSA	SENSAÇÃO	LIMIAR NO VINHO
Acetaldeído	Oxidação	Perda do caráter varietal. Maçã batida, nozes	500ppb
Acetato de etila	Acetobacter + oxidação	Aroma "doce", frutado em baixa concentração. Solvente, removedor de esmalte em alta concentração	7,5-12ppm
Ácido acético	Acetobacter	Pungente, "suado", vinagre	200-300ppm
Diacetila	Lactobacilos	Manteiga, terroso	100ppm
Dimetildissulfeto	Oxidação dos tióis	Cebola, alho	29 + ppm
Dimetilsulfeto	Oxidação dos tióis	Milho em conserva, repolho cozido, borracha queimada, alho	25-60ppm
Dióxido de enxofre (SO2)	Adicionado	Pungente, fósforo riscado, ardor nasal	10-30ppm
Etanotiol	Metabolismo de leveduras ou reações redox	Repolho podre, alho/cebola, borracha queimada, pútrido, fecal	10-30ppb
Geraniol	Lactobacilos + sorbato	Amanteigado, terroso, mofado	30ppb
4-etilfenol	Brettanomyces	Cravo, "suado"	400 + ppm
4-etilguaicol	Brettanomyces	Band-Aid®, medicinal, cravo, estábulo	30 + ppm
Sulfeto de hidrogênio (H2S)	Redução do S por leveduras	Ovo podre, pungente, agressivo	10ppb
Tricloroanizol	Fungo + cloro	Mofado, papelão molhado, cogumelos, podres	1-2ppt

Gosto e sensações orais

Doçura

A doçura percebida no vinho tem sua origem em diferentes substâncias. As principais são os açúcares, ou sacarídeos, uma categoria de carboidrato. Uma de suas características é o gosto doce. Entre os açúcares mais simples, encontram-se pequenas moléculas de cinco ou seis carbonos denominadas monossacarídeos. As de cinco carbonos são chamadas pentoses, enquanto as de seis são conhecidas como hexoses. Os monossacarídeos podem reagir quimicamente entre si em um processo denominado polimerização, formando moléculas maiores conhecidas como dissacarídeos, oligossacarídeos ou polissacarídeos, de acordo com o número de monossacarídeos (dois, poucos ou muitos), compondo a nova molécula.

As uvas maduras são extremamente ricas em monossacarídeos. Os mais abundantes são as hexoses — como a glicose e a frutose —, ambas com concentrações de 80 a 130g/l e, em pequena quantidade (0,15 a 0,4g/l), a rhamnose. As pentoses arabinose e xilose aparecem também em baixas concentrações. A glicose e a frutose reagem quimicamente entre si dando origem à sacarose, dissacarídeo que aparece em concentração de até 10g/l. Em uvas de *Vitis vinifera*, a sacarose costuma ter concentrações significativamente bem menores do que em uvas não viníferas. A pectina, um polissacarídeo, está presente em concentração de 0,2 a 4g/l. *Grosso modo*, a glicose e a frutose correspondem a 95% dos carboidratos do suco de uvas maduras. As uvas hipermaduras têm um percentual mais elevado de frutose. A avaliação da doçura desses açúcares é feita por comparação com uma solução de sacarose a 10% usada como padrão, arbitrariamente estabelecido como 100. A frutose, mais doce, tem doçura relativa de 115, enquanto a glicose apresenta o índice de 70. Vale ressaltar que o vinho contém outros açúcares que podem não ser doces, como as pentoses não fermentáveis xilose e ribose.

O vinho seco tem menos de 2g/l de açúcares residuais. As hexoses (frutose e glicose) presentes no mosto são totalmente fermentadas pelas leveduras, transformando-se em álcool. Esses monossacarídeos são, por isso, chamados de açúcares fermentáveis. O açúcar residual consiste em pequenas quantidades de hexoses não fermentadas e em pentoses e polissacarídeos conhecidos como açúcares não fermentáveis. A sacarose, presente em pequena quantidade no mosto ou adicionada a ele no processo de chaptalização, é dissociada em frutose e glicose, que são fermentadas, fazendo a sacarose desaparecer totalmente. A doçura de um vinho depende, portanto, da quantidade de açúcar residual pós-fermentação. Alguns dos vinhos doces são produzidos com mostos extremamente ricos em açúcares, que não fermentam por completo ou têm sua fermentação interrompida por adição de aguardente vínica, que mata as leveduras, ou ainda por adição de mosto concentrado, como em certos vinhos alemães. Nos vinhos botritizados, existe maior concentração de outros monossacarídeos, como a galactose e a arabinose. Tais vinhos apresentam também outro açúcar, a hexodiulose, formado pela oxidação da frutose. O metabolismo da *Botrytis cinerea* produz ainda um poliálcool relacionado aos açúcares, o 2,3-butanodiol.

Outros carboidratos e derivados podem estar presentes no vinho, como os polissacarídeos (rhamnogalacturanos, mannoproteínas, glucanos), os polialcoóis (xilitol, arabitol, manitol, inositol) e os ácidos de açúcares, como o ácido glicônico e o galacturônico. Tais compostos contribuem pouco para a doçura do vinho, mas aumentam a sensação de untuosidade e o corpo do vinho.

Dessa maneira, os carboidratos que estão em alta concentração na uva madura são fermentados e transformados em álcool, e o açúcar residual não fermentado torna-se o principal responsável pela doçura do vinho.

Acidez

Todo vinho é ácido. A acidez faz parte da bebida, não existindo exemplares alcalinos. Os ácidos são essenciais no vinho, pois são eles que asseguram a estabilidade microbiológica e da cor, além de colaborarem para a sua longevidade. Determinam, ainda, o frescor e a vivacidade dessa bebida. Quando se diz: "Este vinho é ácido" (como crítica), o mais apropriado seria dizer: "A sensação de acidez deste vinho é excessiva para sua estrutura."

Assim, para melhor compreensão do equilíbrio do vinho, faz-se necessário conhecer bem as origens da acidez e as sensações geradas por esse componente.

Os ácidos orgânicos do vinho podem ser provenientes das uvas ou derivados da fermentação. Os primeiros são ácidos orgânicos naturais, que se desenvolvem no ciclo vegetativo da videira. Os principais são os ácidos tartárico, málico e cítrico. Os ácidos derivados da fermentação são o succínico, o láctico e o acético.

Ácidos provenientes das uvas / O ácido tartárico (2,3-di-hidroxibutanodioico ou 2,3-di-hidroxisuccínico — de fórmula molecular $C_4H_6O_6$) é o que predomina nas uvas, mas é raramente encontrado nas demais frutas. Está presente em concentrações de 5 a 10g/l, em mostos de *Vitis vinifera*, respondendo por até 1/3 dos ácidos existentes no vinho. Sua concentração no vinho é pouco afetada pela ação das leveduras.

O ácido hidroxibutanodioico ou hidroxisuccínico, também chamado málico ($C_4H_6O_5$), aparece em concentrações de 2 a 4g/l nas uvas viníferas, dependendo do cultivar. A fermentação alcoólica reduz sua concentração em 20 a 30%, e na fermentação maoláctica esse ácido é consumido. O nome "málico" origina-se da palavra latina *mala*, que significa "maçãs", nas quais esse ácido é abundante. A sensação gerada por esse composto é de acidez extrema e agressiva, como se observa em algumas maçãs verdes.

O ácido cítrico, 2-hidroxipropano-1,2,3-tricarboxílico, de fórmula molecular $C_6H_8O_7$, é abundante no grupo de frutas que tomam seu nome emprestado: os *citrus*. Os kiwis, os morangos e as framboesas também são ricos em ácido cítrico, que nas uvas aparece em concentrações menores. Em enologia, é utilizado para a correção da acidez.

Ácidos derivados da fermentação / O ácido butanodioico ou succínico ($C_4H_6O_4$) é gerado durante a fermentação e está presente no vinho em concentrações de 0,4 a 1g/l. Apresenta um gosto complexo, misto de acidez, amargor e salinidade. O caráter "vinoso" do vinho é dado por esse ácido.

O ácido 2-hidroxipropanoico ($C_3H_6O_3$), também chamado ácido láctico, é gerado pela fermentação maloláctica, operada pelos lactobacilos a partir do ácido málico, mais duro e agressivo ao paladar. A substituição do ácido málico pelo láctico torna o vinho mais macio e menos "verde".

O conjunto de ácidos naturais e derivados até aqui citados constitui a acidez fixa do vinho. Entretanto, durante os processos fermentativos, ácidos de baixo peso molecular são produzidos. Em virtude dessa característica, esses componentes são voláteis e representam a outra parcela da acidez total do vinho: a acidez volátil, cujo principal integrante é o ácido etanoico ou acético ($C_2H_4O_2$). Embora presente em todos os vinhos, ela deve estar abaixo do limiar habitual de percepção (0,5g/l). Níveis altos de acidez volátil, que permitam a detecção, são identificados como defeitos.

O ácido acético é gerado em quantidades diminutas durante a fermentação. Bactérias do gênero *Acetobacter* transformam o etanol em acetaldeído e, a seguir, em ácido acético (vinagre). Em condições específicas, essas bactérias podem também sintetizar acetato de etila (esmalte de unhas) a partir do etanol. Dessa forma, o defeito que ocorre quando existe deterioração do vinho por *Acetobacter* é um misto de aromas de vinagre e esmalte de unhas.

Outros ácidos que compõem a acidez volátil são o fórmico, o propiônico e o butírico.

As medidas da acidez / A acidez total do vinho (AT) é o total das concentrações de ácidos orgânicos no vinho acrescidas das concentrações de sódio e de potássio. A acidez titulável é a soma das concentrações dos prótons tituláveis medida por titulação com base forte. A acidez titulável é, portanto, menor que a acidez total. A AT é medida em gramas por litro (g/l) e costuma estar entre 4,5g e 7g/l. Por ser o ácido mais abundante, habitualmente se expressa a acidez total em equivalentes de ácido tartárico. Entretanto, essa medida não apresenta uma correlação fiel com a sensação de acidez proporcionada pelo vinho. Para melhor entender esse fenômeno, é preciso conhecer o conceito de pH. Uma das características dos ácidos é a ionização em solução aquosa. Nessa situação, algumas das moléculas do ácido se dissociam em duas partes com carga elétrica: um átomo de hidrogênio, com carga positiva; e o restante da molécula, com carga negativa. Os íons hidrogênio livres determinam a característica ácida da solução. Cada ácido apresenta uma constante de dissociação (Kd), e a quantidade de moléculas que se ionizam define se um ácido é forte ou fraco. Ácidos fortes são aqueles em que praticamente todas as moléculas se dissociam na água enquanto, nos fracos, a dissociação é pequena. Os ácidos orgânicos presentes no vinho são todos fracos. Todavia, existem diferenças entre eles: o ácido tartárico é cerca de três vezes mais forte porque produz aproximadamente três vezes mais íons hidrogênio do que a mesma quantidade de ácido málico. Dessa forma, também se infere que quantidades menores de um ácido forte podem liberar a mesma quantidade de íons hidrogênio que quantidades maiores de um ácido fraco. Por conseguinte, o fenômeno que melhor se correlaciona com a nossa sensação da acidez no vinho é a concentração de hidrogênio ionizado, cuja medida é o pH, definido como logaritmo inverso da concentração hidrogeniônica. Sua escala vai habitualmente de 0 a 14, sendo 7 o ponto de neutralidade. Da definição decorre que os valores mais baixos de pH correspondem à maior acidez. Por se tratar de escala logarítmica e não linear, a variação de um ponto na escala corresponde a um aumento ou a uma diminuição de dez vezes na concentração de íons hidrogênio e, possivelmente, em nossa sensação de acidez.

Outros fatores interferem na percepção da acidez, como o fluxo salivar e a concentração de bicarbonato de sódio na saliva (que neutraliza o ácido), o extrato do vinho e a sua temperatura de serviço.

O importante para o degustador é lembrar que o vinho é uma bebida quimicamente ácida e o que deve ser avaliado é se a sensação de acidez resultante do equilíbrio entre os ácidos presentes e os demais componentes do vinho é adequada, transmite frescor e, sobretudo, é agradável.

Amargor e adstringência

O amargor, como previamente discutido, é uma sensação gustativa despertada pelo acoplamento da substância sápida ao GPCR da família T2R.

A adstringência, por sua vez, é a sensação de secura, retração, enrugamento ou aspereza da mucosa oral causada por substâncias capazes de precipitar as proteínas salivares, notadamente aquelas ricas em prolina. Aceita-se, em geral, que a adstringência seja uma sensação tátil, detectada pelos mecanorreceptores da mucosa oral, embora haja evidências de um componente gustativo específico da adstringência.

A sensação de adstringência é complexa, com múltiplos fatores capazes de modificá-la. Dessa forma, o pH mais baixo tende a exacerbar a sensação adstringente.

Os gostos, particularmente o doce, podem reduzir a sensação adstringente. Essa sensação também é influenciada pela intensidade do fluxo salivar individual.

A descrição da adstringência percebida é difícil e pouco precisa. Para tentar compreender as sensações provocadas pelos compostos adstringentes e padronizar sua descrição, um vocabulário hierarquizado para a classificação das sensações orais despertadas pelo vinho tinto foi desenvolvido por Gawell e colaboradores na Austrália:

Abrasivo / Excesso de adstringência de natureza áspera.

Adesivo / Causador da sensação de que as superfícies da mucosa oral estão aderidas entre si.

Agressivo / Excesso de adstringência.

Brando / Adstringência leve e de textura fina.

Duro / Efeito combinado do amargor e da adstringência.

Macio / Adstringência leve a moderada com níveis adequados de acidez e concentração de sabor.

Mastigatório / Sensação de que se movimentando a boca, como na mastigação, poder-se-ia eliminar a sensação de adstringência.

Pegadiço / Deficiência no deslizamento entre as superfícies orais, o que dificulta os movimentos entre elas.

Verde / Excesso de acidez combinado com excesso de adstringência.

A adstringência e o eventual amargor dos vinhos, em especial dos tintos, são conferidos principalmente pelos chamados "taninos", de grande importância na apreciação da bebida. No entanto, as sensações causadas pelos taninos estão entre as menos compreendidas da apreciação organoléptica dos vinhos. Para seu melhor entendimento, é necessário conhecer a composição fenólica do vinho.

A palavra "tanino" é conhecida e empregada por todos os degustadores de vinho. Esse termo não corresponde, porém, a um composto químico definido. Sua origem etimológica é a palavra gaulesa *"tanno"*, que significa "carvalho". Tanino é um grupo de extratos vegetais que formam complexos com as proteínas, provocando sua coagulação. Esses compostos, em particular o ácido tânico, foram utilizados por séculos para a curtimenta do couro. A característica química comum desses extratos é a de serem compostos fenólicos. Esses fenóis são essenciais na apreciação dos vinhos, especialmente os tintos. Polímeros de fenóis mais simples, os taninos são os responsáveis por sua adstringência, cor e eventual amargor do vinho. Tais substâncias também são importantes na conservação e na capacidade de amadurecimento da bebida. A ação antioxidante e cardioprotetora do vinho é exercida pelos compostos polifenólicos. Esses compostos derivam do fenol, o mais simples dos alcoóis que apresentam um núcleo cíclico de carbono. Os derivados fenólicos presentes no vinho podem ser mais simples ou apresentar vários anéis de fenol, constituindo os chamados compostos polifenólicos. Os polifenóis do vinho são provenientes da uva, de seu engaço, das sementes, do metabolismo das leveduras e da madeira das barricas ou tonéis. Habitualmente, são divididos em duas grandes classes: não flavonoides e flavonoides.

Polifenóis não flavonoides / Os não flavonoides são compostos fenólicos simples, provenientes de diferentes fontes. Para vinhos que não passam por madeira, sua origem são os derivados do ácido hidroxicinâmico, que são os compostos fenólicos predominantes no suco de uva e nos vinhos brancos. Os derivados do ácido hidroxicinâmico raramente são encontrados na forma de ácidos livres no vinho. Sua apresentação usual é a de conjugados com o ácido tartárico, formando ésteres. Apesar disso, esses derivados continuam a ser chamados "ácidos" no jargão enológico. Os principais derivados são os ácidos cutárico, caftárico e fertárico. Esses "ácidos" são encontrados na polpa da uva e, portanto, estão presentes no vinho. Apesar de não influírem no seu sabor, têm grande importância na cor da bebida. São os primeiros a se oxidar, sendo responsáveis pelo desenvolvimento da cor castanha nos vinhos brancos. Em pequenas quantidades, os derivados oxidativos dos ácidos cutárico e caftárico produzem a cor palha dourada tão apreciada em alguns brancos.

Considerando os vinhos que estagiam em madeira, os compostos fenólicos mais abundantes são os derivados do ácido hidroxibenzoico, como o ácido gálico e o elágico. Esses componentes proveem da hidrólise de suas formas poliméricas, os elagitaninos e os galitaninos, comumente chamados taninos hidrolisáveis, que são extraídos da madeira de carvalho. Em vinhos brancos, que estagiam por seis meses em barrica, seu nível é de aproximadamente 100mg/l. Nos tintos com passagem de dois ou mais anos por madeira, o nível atinge cerca de 250mg/l.

Embora presente em pequenas quantidades, outra classe de substâncias fenólicas não flavonoides, os estilbenos, notadamente o resveratrol, tem grande importância por sua ação antioxidante e cardioprotetora. Os estilbenos têm origem exclusiva da casca da uva, onde são produzidos como reação da parreira aos ataques fúngicos. Por esse motivo, os vinhos tintos apresentam maiores concentrações de resveratol, cerca de 7mg/l. Os rosados costumam ter concentrações de 2mg/l e os brancos, de 0,5mg/l.

Polifenóis flavonoides / Compostos polifenólicos mais complexos, com múltiplos núcleos aromáticos. Constituem a maior parte dos polifenóis do vinho tinto. Os principais flavonoides são os flavanóis, os flavonóis e as antocianinas. Em menor quantidade, ocorrem os flavan-3,4-dióis (leucoantocianidinas).

Os flavanóis são a classe de flavonoides mais abundante nas uvas e no vinho. Originários das cascas e das sementes, são chamados habitualmente de flavan-3-óis. Duas das formas comuns dessa classe são as catequinas e as epicatequinas. Oligômeros dessas duas substâncias formam as procianidinas, as quais estão presentes nas uvas como monômeros, mas tendem a se polimerizar no vinho, formando os chamados taninos condensados ou proantocianidinas. Os flavonóis estão presentes na casca da uva e aparentemente desempenham função protetora contra os raios UV-B. Os principais são a quercitina, a mirecitina e o kaempferol. Outro importante grupo de flavonoides são as antocianinas, essenciais na determinação da cor dos vinhos, descritas acima.

Assim, os polifenóis presentes no vinho desempenham múltiplas funções:

» No que diz respeito aos não flavonoides, os derivados do ácido cinâmico são decisivos nos fenômenos de acastanhamento do mosto de uvas brancas e do vinho branco. Nas concentrações encontradas nos vinhos, não contribuem para a adstringência ou o amargor. Os taninos hidrolisáveis também raramente influenciam nessas características.

» Ação antioxidante: alguns dos grupos fenólicos simples, como o catecol e a 1,4 di-hidroxiquinona, que integram os compostos polifenólicos presentes no vinho, são de fácil oxidação. Essa propriedade lhes confere uma potente ação antioxidante, pois, ao se oxidarem, protegem os demais componentes do vinho dos radicais de oxigênio livre, muito reativos. A preservação da cor dos mostos é uma das consequências dessa proteção. O uso de sulfitos (SO_2) durante a vinificação reforça a atividade antioxidante, pois esses compostos reduzem a hidroquinona oxidada, tornando-a outra vez disponível para captar novos ânions reativos de oxigênio.

» Dentre os flavonoides, os flavanóis são os grandes responsáveis pelo amargor e pela adstringência. As catequinas e seus polímeros derivados, como as procianidinas e os taninos condensados, são algumas das principais substâncias sápidas do vinho tinto. A estrutura química dos flavanóis influencia, igualmente, a percepção da adstringência e do amargor. A epicatequina é mais amarga e adstringente que a catequina. A polimerização desses compostos aumenta a sensação de adstringência e diminui o amargor. Os taninos condensados de baixo peso molecular são tanto amargos como adstringentes. Os de alto peso molecular têm pouca influência na apreciação dos vinhos. Com a idade, os polímeros tendem a crescer, tornar-se insolúveis e se precipitar. Dessa forma, a concentração de fenóis diminui com a idade do vinho.

TÉCNICAS DE DEGUSTAÇÃO

/

Ambiente da degustação

A degustação de alimentos tende a apresentar resultados pouco precisos e reprodutíveis. Considerando essa crua constatação, é imperioso que o método da degustação seja estritamente padronizado. A sistematização da degustação diminui os seus vieses, aumenta a sua precisão e a sua reprodutibilidade.

Inicialmente, é preciso cuidar do ambiente onde a degustação terá lugar. Para degustações profissionais o ideal é haver cabines individuais para cada degustador, com temperatura controlada, local sem odores, com ventilação e exaustão do ar e aparato para cuspir o vinho com dispositivo para enxaguadura, como nos equipamentos dos cirurgiões-dentistas.

Embora ideal, a iluminação natural não é, como se acredita, homogênea ao longo do dia. Existe variação espectral conforme o horário. Estando o sol a 70° acima do horizonte, o pico de radiação situa-se na faixa do azul. Cerca de 30 minutos antes do pôr do sol, com o astro a um ângulo de 8°, esse pico situa-se na região do vermelho. A iluminação natural pode ser substituída ou complementada por iluminação artificial planejada para simulá-la.

Essas condições raramente são cumpridas em sessões amadoras de degustação. Para que os resultados sejam mais fidedignos é preciso uma adequação ambiental. Quando não há condições de iluminação natural ou planejada, deve-se considerar que as lâmpadas incandescentes tendem a desviar a tonalidade do vinho para as tonalidades avermelhadas e amareladas, enquanto as fluorescentes tradicionais desviam-na para tons esverdeados ou azulados.

A taça de degustação

Outro item fundamental é o copo, o instrumento de degustação. Existem, com finalidade estética, taças de diferentes formatos e dimensões. Há, ainda, variações morfológicas que objetivam evidenciar características de determinados tipos de vinho. Essas taças, entretanto, não se prestam à degustação técnica, que deve ser realizada com copos padronizados, como a taça ISO, que apresenta base, haste e bojo ovoide de dimensões fixas. O formato ovoide permite a expan-

⌀46±2 mm
0.8±0.1 mm

BOJO →

⌀65±2

100±2 mm

ALTURA:
155±5 mm

CAPACIDADE:
215±10 mm

HASTE →

BASE ↘

55±3 mm

⌀65±5 mm

são de substâncias voláteis aromáticas e sua condução, concentrada, à abertura mais estreita do copo, otimizando a olfação.

Taças sem manchas e odores são essenciais para a degustação. Sua limpeza, portanto, apresenta algumas particularidades, como o enxágue imediato após a degustação de vinhos tintos para não manchar o cristal. Encher a taça, por algumas horas, com uma solução de água com bicarbonato de sódio retira a coloração avermelhada que tende a se fixar no cristal. Quando as mesmas taças são usadas para a refeição, a lavagem deve ser feita com água quente e mínimas quantidades de sabão ou detergente para remoção de resíduos de gordura. O enxágue deve ser abundante para que não reste sabão ou detergente, que conferem o conhecido "cheiro de ovo" ao vinho. Se as taças forem exclusivas para a degustação, não há necessidade desses produtos. A secagem imediata é importante para que não apareçam manchas resultantes dos sais minerais presentes na água. O pano utilizado para a secagem não pode ser felpudo para não deixar fibras no cristal. As taças devem ser guardadas em ambientes inodoros, evitando-se sobretudo as caixas de papelão.

Processo da degustação

O processo da degustação de vinhos tem três etapas fundamentais: inspeção visual, avaliação olfativa e avaliação gustativa.

Inspeção visual

São analisados a cor, o brilho, a presença de efervescência, a limpidez, a transparência, os reflexos, a evolução, as lágrimas e a fluidez do vinho.

Cor e brilho

A avaliação da cor não tem conotação estética. Serve, inicialmente, para a categorização em um dos tipos básicos de vinho: branco, rosado ou tinto.

O que se julga, a seguir, é a adequação da cor de acordo com as uvas que o compõem, com o método de vinificação empregado e com a idade do vinho.

Para cada um dos tipos básicos de vinho — branco, rosado ou tinto —, existe toda uma gama de tonalidades empregadas para descrevê-los.

Os vinhos denominados "brancos" podem ser quase incolores ou apresentar cor amarela em diversas tonalidades: palha, citrino, ouro, ouro velho, topázio, acaju, caramelo, castanho ou âmbar. Os vinhos rosados apresentam nuanças variadas como o "gris" (vinhos provenientes de cepas rosadas ou com pouca intensidade de cor, por exemplo: Pinot Gris), uma coloração rosada muito tênue, o próprio rosa, o carmim, a casca de cebola, o alaranjado, o acobreado, o olho de perdiz e o salmão. Os vinhos tintos têm como base as cores vermelha e azul com tonalidades como cereja, sangue, rubi, grená, púrpura, violeta, azulado, negro.

Além da tonalidade, costuma-se classificar o vinho segundo a intensidade da sua cor como claro, de intensidade média ou escuro.

As tonalidades e a intensidade da cor do vinho são, primariamente, consequência das cepas que o compõem e do método de vinificação. A acidez também influencia a tonalidade. Assim, mostos mais ácidos, com pH mais baixo, tendem a apresentar tonalidades do espectro do vermelho, enquanto aqueles com pH mais alto, menos ácidos, exibem tonalidades mais azuladas ou purpúreas. A acidez relaciona-se também com o brilho do vinho. A acidez mais elevada é mais frequente em vinhos de aspecto brilhante, e vinhos foscos podem apresentar baixa acidez.

Efervescência

Caracterizada como liberação do gás carbônico em solução no vinho, a efervescência pode apresentar-se em diferentes intensidades. Não havendo desprendimento gasoso, o vinho é classificado como tranquilo e, quando se observam borbulhas, ele é efervescente. Nesse caso, se houver pequena intensidade de liberação de gás carbônico, o vinho será chamado de "frisante". Quando há forte desprendimento de gás, o vinho é denominado "espumante".

Limpidez e transparência

Após a categorização do vinho pela cor e pela presença de efervescência, a próxima etapa é a avaliação da limpidez. No exame visual procuramos por resíduos grosseiros em depósito ou suspensão, tais como resto de rolha, cristais, borra e corpos estranhos. Os vinhos límpidos não devem conter tais elementos. Os vinhos tintos velhos tendem a apresentar precipitação de polímeros de pigmentos e outros polifenóis, a denominada borra. Esse depósito deve ser decantado, e o vinho que será servido ao consumidor deve ser límpido.

Da mesma forma, verifica-se a presença de material particulado fino em suspensão ou depósito. Os vinhos comerciais são habitualmente clarificados e filtrados de modo que a bebida seja límpida. Por outro lado, esses processos também retiram do vinho elementos aromáticos e sápidos. Por essa razão, alguns produtores não filtram seus vinhos, que apresentam certa turbidez. Para os vinhos tintos, essa característica não deve ser considerada defeito, não podendo o vinho ser penalizado por esse motivo em avaliações técnicas ou pelo consumidor comum. Para os brancos, a turbidez não costuma ser aceita.

A limpidez não deve ser confundida com a transparência. Transparência é a capacidade do vinho de deixar passar ou transmitir a luz e decorre da concentração de pigmentos. Vinhos brancos geralmente são transparentes. Os tintos, dependendo da cepa e da vinificação, podem ser mais transparentes ou mais opacos. Vinhos com alta concentração de matéria corante deixam passar pouca ou nenhuma luz, sendo classificados como opacos. Determinado vinho pode, ao mesmo tempo, ser límpido e pouco transparente ou vice-versa.

Evolução

A tonalidade do vinho muda durante sua evolução. Com o passar do tempo, os vinhos brancos tendem a aumentar a intensidade de cor e de quase incolores ou amarelo-palha tornam-se amarelo-ouro e âmbar. Já os vinhos tintos tendem a perder, progressivamente, sua cor. Em sua juventude costumam exibir tonalidades azuladas, púrpuras ou violáceas. A evolução desvia a tonalidade para o comprimento de onda do amarelo, aparecendo os tons alaranjados, de telha ou tijolo, de mogno e, finalmente, castanhos ou ocres. Essas mudanças são observadas inicialmente no chamado menisco ou coroa do vinho. Trata-se da região representada pelo ápice do vinho na taça, quando esta é inclinada a 45° e observada contra um fundo branco. Nos vinhos jovens essa faixa, também chamada de halo, tende a ser mais estreita e de cor homogênea, em geral púrpura ou violácea. No vinho envelhecido, esse halo costuma ser mais largo com maior diversidade e tonalidades como o vermelho-fogo, o alaranjado, âmbar e ocre.

Lágrimas e fluidez

Prosseguindo a inspeção visual do vinho, analisa-se a formação das "lágrimas" ou "pernas" do vinho. Quando o vinho é girado na taça e, a seguir, deixado em repouso, forma-se um filme líquido na superfície interna da taça. Como o álcool presente nessa fina camada de vinho evapora mais rapidamente que a água, a tensão superficial no filme aumenta com consequente agregação das moléculas de água e formação de gotículas.

Conforme a massa das gotículas aumenta, elas começam a formar arcos e depois descem em filetes, as chamadas lágrimas ou pernas do vinho. A quantidade e a espessura das lágrimas são indicativos grosseiros do teor alcoólico do vinho. Quanto mais numerosas e finas, mais alcoólico o vinho. Muitos fatores influenciam a dinâmica desse processo. Resíduos orgânicos, de detergente, irregularidades da superfície do vidro ou do cristal alteram a formação das lágrimas. Dessa forma, embora sua avaliação seja tradicional na degustação e constitua fonte de divertimento para os iniciantes, as lágrimas são um indicador muito impreciso do teor alcoólico.

Nesse momento, pode-se analisar a fluidez do vinho. Assim como em relação ao teor de álcool, as lágrimas são um indicativo vago da densidade do vinho, o qual, quando possui maior concentração de açúcares ou glicerina, tende a apresentá-las mais espessas e lentas.

A fluidez do vinho pode estar comprometida na alteração denominada gordura ou vinho filante. Trata-se de desvio da fermentação maoláctica, com aumento da viscosidade da bebida devido à formação de agregados de moléculas de glicose que retêm as bactérias lácticas (*Oenococcus oeni* ou *Pediococcus cerevisiae*) responsáveis por essa alteração. O vinho adquire então o aspecto de mucilagem e a fluidez do azeite.

Descrição sistematizada do aspecto do vinho

A descrição sistematizada do aspecto do vinho deverá, portanto, constar de:

1 / Categorização do vinho segundo sua cor, como branco, rosado ou tinto. Descrição da cor e suas tonalidades. Para tal, é mister observar o vinho contra um fundo branco.

2 / Categorização do vinho de acordo com a presença de gás carbônico, como tranquilo, frisante ou espumante.

3 / Verificação da limpidez e da transparência. O vinho deve ser observado contra um fundo luminoso potente.

4 / Análise do brilho e dos reflexos luminosos. Observa-se a superfície do vinho verticalmente, de cima.

5 / Análise da "coroa" ou halo para verificação da evolução: vinho jovem, maduro, evoluído, "velho" ou senescente. A taça deve ser inclinada a 45° e observada contra um fundo branco.

6 / Descrição das lágrimas e da fluidez. A taça deve ser rodada de modo que recubra toda sua superfície interna com vinho. A seguir, deve permanecer estática, na posição vertical, para observação da dinâmica do retorno do filme de vinho, retido na parede da taça, ao restante do volume da bebida.

Avaliação olfativa

A análise do aroma do vinho é realizada em duas etapas. Na primeira, a taça é mantida estática para a detecção dos aromas mais delicados cuja origem são substâncias de baixo peso molecular e, portanto, mais voláteis. A inclinação da taça a 45° aumenta a superfície de volatilização e otimiza a avaliação. A respiração deve ser normal, e não forçada ou intensa. A segunda etapa, dinâmica, consiste em imprimir um movimento circular uniforme à taça de modo que gire o vinho em seu interior e libere aromas associados a moléculas mais pesadas, menos voláteis. É nesse momento que se analisa a complexidade aromática.

Os parâmetros avaliados no aroma do vinho são a sua franqueza, a sua intensidade, sua fragrância e sua complexidade.

Franqueza

Diz-se que o vinho é franco quando seu aroma não apresenta defeitos. São numerosos os possíveis defeitos aromáticos do vinho. Alguns deles foram descritos acima. Os mais frequentes e aos quais se deve prestar maior atenção são a oxidação, o *bouchonée* e os odores mofados, o foxado, o *brett* e a acidez volátil, os odores de redução e dos derivados do enxofre.

Oxidação / Característica de muitos vinhos fortificados e compostos, constitui defeito nos vinhos de mesa em decorrência da sua má conservação. Quando os vinhos são estocados em pé ou submetidos a altas temperaturas, pode haver encolhimento ou deslocamento da rolha com consequente entrada de ar na garrafa. O oxigênio provoca, então, reações de oxidação do etanol, que é transformado inicialmente em etanal, o acetaldeído, e depois em ácido etanoico (ácido acético ou vinagre). Os odores decorrentes são os de maçã batida, nozes, vinho do Porto ou vermute.

Bouchonée / Também conhecido como "odor de rolha", causado principalmente pela presença da substância 2, 4,6-tricloroanizol. Embora sua ocorrência venha diminuindo, a prevalência ainda está por volta de 4%. O odor característico de papelão, de jornal velho e de cão molhado pode ser logo detectado, mas tende a aumentar com o tempo do vinho na taça.

Mofado / Uma grande variedade de odores lembrando o mofo é causada pelo metabolismo de diferentes gêneros de fungos que podem contaminar o vinho.

Foxado / Defeito aromático originário da utilização de uvas da espécie *Vitis labrusca* na elaboração do vinho. Esse defeito é importante no Brasil, onde existe uma grande produção de vinhos feitos com essas uvas. A origem do termo está no fato de que as uvas dessa espécie são conhecidas em sua região de origem (o leste e o nordeste dos Estados Unidos) como *fox grapes*. O vinho elaborado com essa espécie de uvas é rico em metilantranilato, que lhe confere o típico aroma do suco de uva de mesa, produto muito consumido em nosso país. Tal aroma, bem agradável no suco de uva, é considerado defeito no universo da degustação de vinhos finos. Vinhos brasileiros que ostentem o qualificativo "vinho fino" no rótulo devem ter em sua composição varietal apenas *Vitis vinifera*, que não apresenta metilantranilato e, portanto, não podem ser foxados.

Brett / Defeito incidente em vinhos tintos, recebe esse nome por se originar de fenóis voláteis decorrentes do metabolismo dos ácidos cinâmicos por leveduras dos gêneros *Brettanomyces* e *Dekkera*, gerando fenóis voláteis como o 4-etilfenol e o 4-etilguaicol. A primeira dessas substâncias apresenta odores descritos como Band-Aid®, antisséptico e estrebaria, estábulo. O 4-etilguaicol pode trazer aromas de *bacon* defumado, especiarias e cravo-da-índia. O ácido isovalérico que pode ser produzido traz odores de queijo, meias usadas e ranço. Embora rara, a pior consequência aromática da contaminação por esses microrganismos é a produção de acetiltetraidropiridinas, que apresentam o desagradável odor de gaiola ou urina de rato. Essa substância também pode ser produzida por bactérias e outros gêneros de leveduras.

Acidez volátil / A presença de ácido acético ou de acetato de etila em níveis superiores ao limiar de sensibilidade caracteriza esse defeito aromático. No caso do ácido acético, a depender da intensidade, teremos o "vinagrinho" ou o pico acético (azedia). Quanto ao acetato de etila, o odor percebido é o de esmalte de unhas.

Odores de redução e dos derivados do enxofre / Defeitos aromáticos devidos ao ambiente pobre em oxigênio que propicia o desenvolvimento de compostos voláteis de enxofre, gerando odores aliáceos (alho, cebola), de aspargos, de repolho, de borracha queimada e de milho cozido.

Os mercaptanos trazem odores de esterco animal ou de cebola podre. Compostos relacionados com o 2-mercaptoetanol e o 4-(metiltio) butanol geram, respectivamente, odores intensos de estábulo e de cebolinha ou de alho.

Odores mais agressivos, como o dissulfeto, que lembra o odor de repolho cozido ou de camarão, e o sulfeto de hidrogênio, que apresenta cheiro de ovo podre, são mais raros.

Intensidade

Embora muito subjetivo, é importante que esse parâmetro seja avaliado independentemente da qualidade do aroma. Utiliza-se, em geral, uma escala ternária para classificar a intensidade de aroma em: pouco intenso, de média intensidade ou intenso. Pode-se, também, como no método Mercadini, usar uma escala quinária: carente de aroma, pouco intenso, assaz intenso, intenso e muito intenso.

Fragrância

Vinhos que apresentam aromas facilmente reconhecíveis ou dão a impressão de "abrir" as fossas nasais são ditos fragrantes. O aroma de menta é um exemplo dessa qualidade. Vinhos com aromas de difícil reconhecimento são denominados "etéreos". Essa característica independe da intensidade e é mais frequente em vinhos envelhecidos, com aromas terciários evoluídos.

Complexidade

Os odores apresentados pelos vinhos costumam ser agrupados em famílias. A complexidade do aroma de um vinho é estabelecida pela análise do número de famílias aromáticas nele presentes. Vinhos com aroma de apenas uma ou duas famílias são considerados unidimensionais ou simples, enquanto aqueles com três ou mais vertentes aromáticas são avaliados como complexos.

Embora existam numerosas classificações, uma simples e de fácil utilização divide os aromas em frutados, florais, herbáceos/vegetais, empireumáticos, especiarias, animais, balsâmicos/resinosos e químicos.

Aromas frutados / Aroma inespecífico de frutas ou aromas particulares de algumas frutas. Por motivos fisiológicos, que serão abordados adiante, costumamos utilizar descritores aromáticos de frutas brancas para os vinhos brancos e de frutas vermelhas para os tintos. Os aromas de frutas brancas são subdivididos em cítricos (limão, laranja, tangerina, toranja e lima-da-pérsia), de frutas tropicais (abacaxi, manga, maracujá, goiaba, melão, banana etc.), de pomos (maçã, pera, marmelo) e de frutas "de caroço" (pêssego, damasco, nectarina).

Quanto aos vinhos tintos, as frutas vermelhas cujos aromas são referidos dividem-se tradicionalmente em frutos vermelhos silvestres (framboesa, groselha, morango, cereja) e frutos vermelho-escuros (amora, mirtilo, groselha-negra, cereja-negra, ameixa).

Além do tipo de fruta, pode-se fazer referência ao seu estado: fresca, madura, sobremadura, passada, confitada, em compota, em geleia ou "em aguardente".

Os aromas frutados podem dar ideia da composição varietal do vinho e do seu processo de vinificação. Além disso, os aromas de frutas secas em particular podem sugerir o tipo e a evolução do vinho. Os frutos secos oleaginosos (nozes, avelãs e amêndoas), bem como o figo seco, o damasco e a uva-passa, aparecem em vinhos de colheita tardia, passitos, vinhos botritizados e vinhos fortificados.

Aromas florais / Os vinhos podem apresentar aroma floral genérico ou de flores de campo ou exibir aromas específicos de algumas flores. Flor de laranjeira, madressilva, acácia, angélica, rosa, violeta, lavanda, jasmim, jasmim-do-cabo, dama-da-noite e lírio estão entre elas.

Aromas herbáceos / vegetais / Os aromas herbáceos são agradáveis e associados à qualidade quando sutis e não muito intensos. Traços olfativos discretos de ervas culinárias (tomilho, sálvia, manjericão, erva-doce, estragão, cerefólio etc.) e aromáticas (arruda, hortelã, erva-cidreira), de folhas (louro, samambaia) e grama recém-cortada emprestam frescor e complexidade ao aroma do vinho. O caráter vegetal, por sua vez, pode trazer uma conotação pejorativa ao aroma da bebida. Odores intensos de pimentão e de folhas esmagadas são indesejáveis, pois encobrem outros aromas do vinho, reduzindo-lhe a complexidade e a elegância.

Essa classe de aromas, geralmente originados de compostos pirazínicos, é característica de alguns cultivares como a Sauvignon Blanc e a Cabernet Sauvignon. A concentração desses compostos tende a diminuir com menores rendimentos e maior maturidade das uvas. Vinhos elaborados com uvas plenamente maduras e provenientes de vinhedos com pequeno rendimento por hectare podem apresentar aromas herbáceos finos e agradáveis. Uvas produzidas em grande escala e colhidas ainda imaturas tendem a ter aroma vegetal.

Outros aromas vegetais associados com qualidade podem ser classificados nesse grupo. Entre eles, o de chá-preto e o de folhas de tabaco.

Aromas empireumáticos / Esse termo define um grupo de descritores aromáticos que têm em comum a exposição da substância odorífera ao calor ou ao fogo. Embora não seja a única fonte desses aromas, grande parte deles provém da passagem do vinho por barricas de madeira. Em sua fabricação, esses recipientes têm geralmente sua superfície interna queimada. A "tostagem" pode ser suave, média ou forte, conferindo aromas tostados, torrados e defumados ao vinho que neles estagia. Outras características aromáticas classificadas como empireumáticas são os odores de café, de chocolate e de caramelo.

Embora menos frequentes, existem vinhos que não estagiam em barrica e exibem aroma empireumático, particularmente o defumado.

Aromas de especiarias / Desde que não sejam intensos e não predominem, esses aromas conferem complexidade e elegância aos vinhos. Entre eles, são frequentes os aromas de cravo-da-índia, canela, pimenta-do-reino, noz-moscada, baunilha, anis e alcaçuz.

Aromas animais / Via de regra, esses aromas são decorrentes da evolução do vinho, raramente vinhos jovens os apresentam. Alguns desses descritores aromáticos foram descritos como defeitos: gaiola de rato, garanhão. Outros podem, em baixas concentrações, aumentar a complexidade, como o odor de estábulo, o de suor e o de urina de gato.
    Aromas como o de couro fresco, couro, carne maturada ou de caça e charcutaria são frequentes em vinhos evoluídos, de qualidade.

Aromas balsâmicos e resinosos / Aromas que lembram substâncias com pretensas propriedades medicinais ou resinas vegetais: mentol, menta, zimbro, incenso, pinho, cedro e sândalo. Em geral, são aromas associados a boa qualidade.

Aromas químicos / Querosene e outros hidrocarbonetos derivados ou não do petróleo (*thinner*, aguarrás, óleo *diesel*, alcatrão, plástico), borracha, iodo e fósforo queimado. Alguns desses aromas são habitualmente considerados defeituosos. Assim sucede com os odores de borracha, plástico e fósforo queimado. Outros, no entanto, são características varietais, como o aroma de derivados de petróleo do vinho da uva Riesling. O aroma de alcatrão aparece frequentemente nos Hermitage e nos Barolos.

É preciso distinguir os aromas químicos dos chamados aromas minerais. Essa categoria de aromas é de difícil descrição, pois, em geral, os minerais não apresentam odores. Esses descritores, que são alvo de muita polêmica, foram inicialmente usados para identificar vinhos brancos elaborados com uvas provenientes de solos muito ricos em calcário ou ardósia. Descreviam-se como minerais os aromas dos Chablis (Borgonha) e dos Rieslings do vale do Mosel. O odor do sílex atritado (pederneira) também se encaixa nessa categoria. Recentemente o termo "mineral" vem sendo usado de forma indiscriminada para se referir a aromas químicos em qualquer tipo de vinho, incluindo os tintos e de sobremesa.

Descrição sistematizada dos aromas do vinho

1 / Para uma melhor análise olfativa é importante ter alguns dados fisiológicos em mente: inalações nasais curtas, de menor volume, são tão eficazes como as longas. É preciso estar atento, no entanto, pois a repetição das inalações em curto período de tempo leva à saturação dos receptores olfativos, por isso observe um intervalo entre elas. A intensidade do aroma está relacionada com o fluxo de ar nas fossas nasais. Obstruções e desvios do septo nasal podem ocasionar fluxo maior em uma das narinas. Além disso, como vimos, as sensações olfativas são processadas no hemisfério cerebral do mesmo lado da narina onde a substância odorífera foi captada. Há, portanto, sentido e utilidade em cheirar o vinho alternadamente com cada uma das narinas.

2 / Cheirar o vinho (com a bebida parada, sem girá-la antes) com a taça inclinada e verificar a presença de defeitos. Caso existam, avaliar a sua importância. Pequenos defeitos, dependendo da circunstância de consumo, podem ser tolerados. Assim, um traço de oxidação em um vinho para consumo doméstico, familiar, que acompanha uma refeição cotidiana, pode, a critério pessoal, ser aceitável. Em um restaurante,

ocasião formal ou degustação, tal característica não deve ser aceita.

Após a constatação de que o vinho é franco (que não tem defeitos), verificar sua intensidade e o seu caráter fragrante.

3 / Girar a taça e cheirar o vinho em movimento e após sua parada para estabelecer a complexidade. Com o único intuito de padronização, inicialmente se procuram os aromas frutados que podem ter passado despercebidos no exame estático.

O exame dinâmico propicia também uma melhor definição desses aromas. A seguir, verificar a presença de aromas habitualmente relacionados ao estágio em diferentes tipos de madeira: baunilha, coco, cedro, caixa de charuto, caramelo e outros aromas empireumáticos, como tostado, torrado e defumado. Avalia-se, a seguir, a presença de aromas pertencentes às outras categorias aromáticas.

O próximo passo da análise é averiguar a existência de aromas terciários associados à evolução, como aromas animais, de trufa negra e de cogumelos, entre outros, para os vinhos tintos. Nos vinhos brancos, os aromas evolutivos são os de mel, geleia de marmelo e frutas secas.

Avaliação gustativa

É importante, quando se analisa o vinho na boca, relembrar os conceitos de gosto e sabor. Atualmente, podemos distinguir cinco gostos diferentes: doce, ácido ou azedo, salgado, amargo e umami. Já o sabor é uma percepção multissensorial que envolve sensações gustativas, sensações táteis e os aromas percebidos pela olfação retronasal. Portanto, o termo "avaliação gustativa" é insuficiente para expressar a análise que se processa com o vinho na boca.

Outro aspecto a considerar é a falsa interpretação do mapa topográfico gustativo da língua humana. Nesse mapa localizam-se as regiões linguais com maior sensibilidade aos diferentes gostos. Assim, a região de maior sensibilidade ao gosto doce seria a ponta da língua e as mais sensíveis ao azedo seriam as bordas médio-laterais. O amargor seria mais percebido na parte posterior da língua e na orofaringe, enquanto o salgado seria mais percebido nas regiões posterolaterais das bordas linguais. Muitos acreditam, erroneamente, que cada um desses gostos seja sentido apenas nas regiões descritas correspondentes. Na verdade, todos os gostos são sentidos em toda a superfície da língua com maior sensibilidade a cada um deles em certas áreas, conforme a descrição acima. Não há áreas linguais insensíveis a determinado gosto.

O primeiro exame do vinho na boca é feito de modo que a bebida seja distribuída por toda a cavidade oral, realizando-se, a seguir, movimentos mastigatórios ao mesmo tempo que se fricciona e se comprime o vinho contra o palato duro ("céu da boca"). Esse processo permite avaliar inicialmente se o vinho é seco ou apresenta graus variados de doçura. Percebe-se também a sensação de acidez. Um bom indicador fisiológico da acidez de um vinho é o fluxo salivar por ela desencadeado. Vinhos com acidez elevada provocam salivação fluida e abundante, enquanto aqueles com alta concentração de açúcar residual tendem a desencadear uma salivação menos abundante e mais viscosa. Para completar o exame gustativo, procura-se fazer com que o vinho chegue às porções posteriores da boca para melhor detecção da possível presença de amargor.

Durante o exame gustativo, avaliam-se também as características táteis provocadas pelo vinho. A alcoolicidade, que é percebida principalmente como sensação de calor e ardência, não depende da real temperatura do vinho. Essa sensação, descrita como pseudotérmica, é tátil e não gustativa. Observa-se esse fenômeno com as bebidas destiladas de alto teor alcoólico. As balas e confeitos com essência de menta ou eucalipto trazem o efeito contrário, de algo gelado, sem relação com a real temperatura.

A "mastigação" do vinho e a sua compressão com a língua contra o céu da boca possibilitam a determinação do seu corpo, avaliando seu "peso", sua densidade. Esse processo é mais bem entendido com o seguinte exemplo: suponhamos alguém acometido de forte gripe. Sua capacidade olfativa e gustativa estará perdida. Se essa pessoa for vendada e, portanto, perder sua capacidade visual, e a ela forem dados um copo com água e outro com "vitamina" de leite, banana e abacate, na mesma temperatura, ainda assim ela conseguirá perceber que são líquidos diferentes. Assim, independentemente da cor, do aroma e do gosto, podem-se distinguir, pelo tato oral, vinhos leves e diluídos daqueles mais densos e concentrados.

Friccionar a bebida com a língua, contra o palato, contra as gengivas e as bochechas serve para avaliar, pelo tato da mucosa bucal, a textura do vinho, que provoca pouco atrito quando é macio. Os vinhos tintos contêm taninos, substâncias polifenólicas que, ao coagular as proteínas salivares, provocam a perda da lubrificação da mucosa oral. Nessa situação, o atrito causado pela fricção da língua com o palato, com a superfície interna das bochechas, com as gengivas e entre estas duas últimas provoca uma sensação chamada adstringência. Esse termo vem do latim *stringere*, que significa apertar, cerrar, comprimir ou enrugar e bem representa as sensações táteis provocadas por tais substâncias. Como todo vinho tinto tem taninos, em maior ou menor quantidade, segundo as cepas utilizadas e os métodos empregados de vinificação, dizer que um vinho tinto é adstringente constitui redundância. O que se deve verificar são a intensidade da adstringência e a textura da granulação causada pelos conglomerados proteicos coagulados sentidos em toda a boca.

Uma vez estabelecidas as qualidades gustativas e táteis do vinho, a atenção deve se voltar para a terceira vertente do sabor: o aroma retrógrado, percebido por via retronasal, também chamado "aroma de boca". O termo "retrogosto" não parece apropriado para descrever uma sensação olfativa. Para avaliar o aroma de boca, realizam-se, com o vinho na boca, movimentos de mastigação para forçar a condução do ar contido na cavidade bucal para a fossa nasal, ao mesmo tempo que se expira o ar pelo nariz. Outra manobra que pode ser realizada é a aspiração de ar através dos lábios semicerrados. O fluxo de ar através do vinho aquecido na boca causa grande volatilização de substâncias odoríferas que, na expiração pelo nariz, serão levadas aos receptores olfativos. A temperatura mais elevada da boca, a agitação e a aeração do vinho levam ao desprendimento de substâncias de maior peso molecular, podendo aumentar a complexidade aromática em relação à olfação ortonasal.

Averiguam-se a intensidade do aroma de boca do vinho e sua complexidade. Alguns poucos vinhos de alta qualidade apresentam aromas de boca diferentes daqueles já percebidos na avaliação olfativa (aroma ortonasal).

Após a deglutição (ou cuspidura) durante determinado período, permanece na boca um aroma intenso que, em dado momento, começa a decrescer rapidamente. Ao intervalo de tempo em que o aroma de boca continua intenso dá-se o nome de persistência aromática intensa (PAI). Os autores franceses medem esse período em unidades chamadas *caudalies*, com um *caudalie* correspondendo a um segundo. Essa análise permite classificar os vinhos em curtos ou fugazes, de boa persistência ou persistentes (longos). O aroma de boca intenso, agradável, e a PAI longa são indicativos de qualidade do vinho.

Na descrição das características gustativas e táteis, emprega-se um vocabulário que, com pequenas variações conforme o método e o idioma, procura expressar em escalas ternárias ou quinárias a intensidade de cada parâmetro avaliado. Assim, para a descrição da doçura, em ordem crescente, empregam-se os termos: seco, meio seco, meio doce, doce e muito doce. Para a acidez, os descritores, em ordem crescente, são: chato, pouco fresco, suficientemente fresco, fresco e acídulo. Quanto à percepção do álcool, usam-se os termos: ligeiro, pouco quente, quente, muito quente e alcoólico. A tanicidade é descrita por mole, pouco tânico, suficientemente tânico, tânico e adstringente. A estrutura ou corpo do vinho tem como descritores: magro, débil, bom corpo, robusto e encorpado ou gordo.

Descrição sistematizada dos gostos e das sensações orais do vinho

1 / Dizer se o vinho é seco, meio seco (ligeira sensação de açúcar residual), meio doce, doce ou muito doce.

2 / Descrever o corpo do vinho como magro, débil, bom corpo, robusto e encorpado ou gordo.

3 / Detalhar a sensação pseudotérmica provocada pelo álcool e classificar o vinho em ligeiro, pouco quente, quente, muito quente e alcoólico.

4 / Descrever a acidez do vinho, classificando-o como chato, pouco fresco, suficientemente fresco, fresco e acídulo.

5 / Para os vinhos tintos, descrever a sensação de adstringência provocada pelos taninos em ordem crescente de intensidade: mole, pouco tânico, suficientemente tânico, tânico e adstringente.

6 / Após a deglutição ou cuspidura do vinho, contar mentalmente o tempo aproximado, em segundos, da persistência do aroma na boca. Uma sistematização aceitável é classificar o vinho em curto ou fugaz (até ± 4s), de média ou boa persistência (± 4 a 8s) ou persistente ou longo (mais de 8s).

7 / Descrever as sensações finais como amargor, secura, aspereza na boca etc.

JULGAMENTO DE VINHOS

/

Os atributos do vinho descritos até aqui são algumas das qualidades avaliadas no julgamento dessa bebida. Existem diferentes modalidades de julgamento de vinhos. A mais corriqueira delas, a degustação hedônica do consumidor esclarecido de vinhos, é individual. Nesse caso, o consumidor não procura matar a sede com o vinho nem busca a sensação de relaxamento e flutuação da embriaguez leve. Ao contrário, ele busca sensações agradáveis e características do vinho que atendam ao seu gosto pessoal. Para tal tipo de julgamento não existem os conceitos de certo ou errado ou, ainda, equívocos de avaliação, pois o julgamento é pessoal.

Outro tipo de julgamento de vinhos é a avaliação das diferenças entre amostras e a sua ordenação qualitativa (*ranking*). Esse tipo de degustação costuma ser feito por sociedades enofílicas e painéis de especialistas em concursos e premiações. Já nos países produtores onde existem regulamentação da produção de vinhos e concessão de certificados como "Denominação de Origem Controlada (DOC, AOC)" ou "Vinho de Qualidade Produzido em Região Determinada (VQPRD)", a degustação é o instrumento discriminatório e classificatório dos vinhos. Ela permite verificar se as características organolépticas da bebida atendem às especificações exigidas para a concessão do certificado e o posicionamento do vinho em uma das categorias legais da região produtora. Há ainda degustações de avaliação realizadas pelos enólogos, produtores, negociantes intermediários e comerciantes. A degustação do *sommelier* é dirigida e busca no vinho características que proporcionem harmonizações enogastronômicas com os pratos do restaurante. A degustação do crítico de vinhos tende a apresentar o forte viés do subjetivismo, do seu gosto pessoal, nem sempre coincidente com o do consumidor.

Em comum, todos esses tipos de julgamento do vinho são avaliações realizadas pela degustação, com maior ou menor grau de organização técnica e geralmente sem rigor científico. Seu resultado é expresso por uma descrição, pela atribuição de uma nota ou por uma classificação.

Diferentemente dessas modalidades de julgamento, existe a avaliação sensorial do vinho, que emprega técnicas de análise sensorial. Essa disciplina é baseada em um ramo da psicologia, a psicofísica, que investiga as relações entre os estímulos físicos e as percepções por eles despertadas. A análise sensorial utiliza-se de conhecimentos de diferentes áreas, como a sociologia, a fisiologia e a própria psicologia, sobre as quais está estruturada. Os resultados obtidos são submetidos a testes estatísticos para verificação de sua significância. A análise sensorial pretende trazer respostas objetivas sobre alimentos, bebidas e outros produtos quanto à maneira como estes são percebidos pelas pessoas por meio de seus órgãos dos sentidos.

A análise sensorial pressupõe ambiente adequado, delineamento experimental rigoroso, uso de métodos de discriminação sensorial afetivos e descritivos. As dificuldades advindas do desenho experimental complexo e da necessidade de treinamento prévio dos participantes complicam sua utilização habitual na indústria vinícola. Mas a avaliação sensorial é uma ferramenta importante no desenvolvimento, na avaliação e no estabelecimento de estratégias de marketing de alimentos e bebidas. Tal análise reduz o viés inerente às degustações comuns, mas não o elimina.

Causas de viés e enganos na degustação

Os erros de avaliação do vinho têm origens diversas. Fatores fisiológicos, genéticos e psicológicos são importantes causas de diferenças no desempenho entre os degustadores e, consequentemente, no seu entendimento do vinho provado. O nível de conhecimento e o grau de treinamento em degustação são outras causas da grande variação interpessoal na avaliação de vinhos.

Um dos principais entraves para que a degustação seja objetiva é a linguagem utilizada durante a comunicação das percepções sensoriais geradas por ela.

Fatores fisiológicos

Adaptação sensorial / O fenômeno da adaptação sensorial é conhecido há longo tempo. Consiste na diminuição específica da sensibilidade a um estímulo por exposição repetida ou prolongada a ele. A sensibilidade retorna com o tempo, na ausência de exposição ao estímulo. Na prática da degustação de vinhos deve-se respeitar um intervalo de tempo entre cada inalação e entre goles de um mesmo vinho. O enxágue da boca com água ou a mastigação de alimentos neutros, como o pão, também tem a finalidade de evitar a adaptação.

Limiares sensoriais e variação individual / O limiar de detecção é a concentração da substância estimulante necessária para que 50% dos componentes de um painel humano identifiquem a presença desse estímulo sem caracterizá-lo. Já o limiar de reconhecimento ou percepção é a concentração mínima dessa substância que permite a identificação do estímulo. O limiar de reconhecimento é tipicamente maior que o de detecção. É importante ter consciência do caráter estatístico dessas definições.

As variações sensoriais individuais afetam a degustação de vinhos desde a sua avaliação visual. A solicitação a diferentes indivíduos para apontarem, sobre o espectro de comprimento de onda, uma cor pura, como o amarelo puro, mostrará que diferentes comprimentos de onda (575nm ou 586nm) serão apontados como correspondentes a "amarelo puro".

Existe também variação fisiológica interpessoal nos limiares de percepção aos diferentes odorantes e compostos sápidos.

A sensibilidade à intensidade do estímulo para os quatro gostos fundamentais apresenta, igualmente, variação interpessoal.

Esses fatos acarretam diferentes descrições de um mesmo vinho dentro de um grupo de degustadores. Qualidades e defeitos podem ser notáveis para um degustador e passar totalmente despercebidos para outros. Um claro exemplo desse fenômeno é a grande variação na detecção do 2,4,6 tricloroanizol (o "aroma de rolha", bolor ou mofo) e na rejeição de vinhos com alta concentração desse composto.

Idade

As acuidades visual e auditiva, bem como a sensibilidade tátil, declinam com a idade. A diminuição da sensibilidade olfativa com o tempo tem sido intensamente estudada. Alterações neuronais no epitélio e no bulbo olfatório foram demonstradas, assim como diferenças entre jovens e idosos na ativação de áreas do sistema nervoso central. Estudos psicofísicos e de potenciais relacionados a eventos quimiossensoriais também evidenciam a perda da capacidade olfativa em idosos.

A perda da sensibilidade gustativa também tem sido estudada. A discriminação e a percepção da intensidade para os gostos salgado, doce, amargo e umami em idosos foram testadas com soluções aquosas de NaCl, KCl, sacarose, aspartame, ácido acético, ácido cítrico, cafeína, hidrocloreto de quinina, glutamato monossódico e inosina — 5-monofosfato e com esses mesmos compostos presentes em produtos alimentares industrializados. Investigou-se também se o odor dessas substâncias sápidas interfere em sua percepção gustativa. Os idosos discriminam diferenças de concentração tanto na solução aquosa como nos alimentos, com ou sem o uso de um clipe nasal para impedir a identificação de odores por via retronasal. A percepção da intensidade absoluta dos compostos em solução aquosa ou nos produtos alimentícios, sem o clipe, está diminuída nos idosos.

Percepção modal cruzada

Uma das características do cérebro dos mamíferos é a integração de estímulos sensoriais concomitantes, de modo que a percepção de cada um deles seja alterada pelos outros. A percepção dos sabores de alimentos e bebidas resulta da integração de percepções sensoriais diversas. Diferentes interações modais sensoriais têm sido estudadas, mas as importantes na avaliação de vinhos envolvem a visão, a olfação, a gustação e a sensação quimioestésica oral. Em primatas, as modalidades sensoriais da visão, olfação e gustação são integradas no córtex orbitofrontal. Existe uma área gustativa secundária no córtex orbitofrontal caudolateral. Além disso, neurônios com respostas olfativas estão presentes em uma região mais medial, enquanto neurônios de uma área intermediária recebem estímulos visuais aferentes. Alguns neurônios do córtex orbitofrontal apresentam respostas bimodais, seja a estímulos gustativos e olfativos, seja a estímulos gustativos e visuais.

Na avaliação das características de um vinho, diferentes interações sensoriais modulam o julgamento. As mais importantes são aquelas verificadas entre a gustação e a olfação e entre a visão e a olfação. As relações entre gosto e olfação são variadas e complexas. Em uma série de quatro experimentos[1], constatou-se que o odor de morango acrescentado ao creme batido com sacarose aumentou a percepção de doçura e que o odor de manteiga de amendoim acrescentado ao mesmo creme não causou o mesmo efeito. Além disso, o odor de morango não causou aumento da percepção de salinidade e perdeu 85% da sua capacidade de aumentar a percepção de doçura do creme com sacarose se provado com as narinas tampadas. Concluiu-se que a interação entre a gustação e a olfação é dependente dos odorantes e das substâncias sápidas.

Estudos de neuroimagem mostram ativação de áreas cerebrais como o opérculo frontal, a ínsula ventral/córtex orbitofrontal caudal, a amígdala e o córtex cingulado anterior com estímulos unimodais de odor e gosto e estímulos bimodais com misturas dos mesmos odorantes e substâncias sápidas. A resposta nessas áreas pode ser supra-aditiva, observando-se maior atividade quando os indivíduos receberam misturas de odores e gostos do que quando diante dos estímulos correspondentes de forma isolada. Nesse caso, o aumento dependeria da experiência. Embora a integração multissensorial dos gostos e odores seja independente da experiência, a congruência da percepção pode ser um fenômeno de integração multissensorial resultante de parâmetros repetidos de odores e gostos. As qualidades gustativas dos odores, o "gosto" do odor, surgem pelo aprendizado associativo com o desenvolvimento de neurônios bimodais gosto/odor a partir de neurônios unimodais que, originariamente, respondem apenas a estímulos olfativos. O aprendizado associativo leva a efeitos como a atribuição de maior doçura ou acidez a odores desconhecidos e relativamente neutros quando a exposição a eles se acompanha de soluções doces ou ácidas. Esses efeitos têm forte realidade perceptual, uma vez que independem de gostar ou não do odor ou do conhecimento de quais odores e gostos são pareados. A percepção do sabor é uma construção cerebral da combinação de gostos reais e "propriedades gustativas do odor" que estão codificadas na memória. O aroma do caramelo, por exemplo, ativa representações da memória do sabor de caramelo, que incluem um componente doce. O resultado é a percepção da "propriedade gustativa" doce desse odor.

As características temporais e espaciais da apresentação dos estímulos também influem na integração odor/gosto. Assim, a localização referida da percepção do odor varia se os estímulos gustativos e olfativos são apresentados simultaneamente, quando a mistura gustativa/odorante é percebida como uma unidade e o odor é sentido na cavidade oral posterior. Se o odor é apresentado antes, a sensação olfativa é percebida como originária do nariz. Se o estímulo gustativo precede o odorante, a sensação é referida na ponta da língua.

O julgamento do sabor do vinho é, sem dúvida, fortemente influenciado pela integração sensorial entre seus odorantes e suas substâncias sápidas, uma vez que é uma bebida com aromas e gostos marcantes cuja apreciação envolve a análise dessas características apresentadas em sequência. Esses procedimentos padronizados na degustação de vinhos reforçam o aprendizado associativo e a atribuição de propriedades gustativas aos aromas do vinho.

As interações entre a visão e a olfação são, da mesma forma, capazes de alterar o julgamento de um vinho. A intensidade de um aroma pode ser aumentada por uma cor habitualmente associada a ele. Esse efeito pode decorrer da adição de um pequeno percepto olfativo induzido pela cor à percepção olfativa real. Curiosamente, mesmo cores não "apropriadas" a soluções de determinados odorantes podem aumentar a percepção olfativa destes. As cores "apropriadas" para soluções com aromas de frutas diminuem a latência da identificação de seus odores e aumentam a acuidade. Também a apreciação do odor é influenciada pela cor de uma solução. Assim, gostamos mais de um odor vindo de uma solução de cor "apropriada". Isso ocorre, provavelmente, porque a cor facilita a identificação do odor e a habilidade de identificá-lo modifica a resposta afetiva a ele.

Na análise olfativa de vinhos, os odores tendem a ser representados por objetos que tenham a mesma cor da bebida. Esse fenômeno pode induzir a uma ilusão perceptual. Um experimento[2] utilizou duas amostras de vinho: um branco e outro tinto, cujas descrições aromáticas feitas por um painel de degustadores foram analisadas segundo o vocabulário. Obteve-se um grupo de descritores mais frequentemente utilizados para caracterizar o vinho branco e outro para o tinto. Em degustação posterior, foram servidas duas amostras do mesmo vinho branco, uma delas recebendo um corante sem odor, que a fez semelhante a um vinho tinto. A amostra branca tem seu aroma descrito com descritores típicos de vinhos brancos, como frutas e flores brancas. Já o vinho branco "tingido", para se assemelhar a um tinto, tem seus descritores aromáticos típicos de vinho tinto, caracterizando um viés olfativo induzido pela cor.

Outro experimento[3] ampliou essa investigação submetendo quatro amostras de vinho a um júri de *experts* e a outro de bebedores sociais de vinho. As amostras consistiram em um vinho branco da variedade Chardonnay, o mesmo vinho branco com aditivos de cor, de forma que o tornassem semelhante a um Chardonnay envelhecido ou a um tinto jovem, e um vinho tinto de Pinot Noir. Essas amostras foram servidas, alternativamente, em taças transparentes ou opacas. O júri de *experts* demonstrou ser afetado pelo viés olfativo induzido pela cor, pois, quando degustaram em taças transparentes, atribuíram mais descritores de vinho tinto ao Chardonnay tingido. Aparentemente, o modelo cognitivo utilizado pelos *experts* é o de identificação da cor e descrição subsequente segundo protótipos estocados em suas memórias. Esse processo pode levar à identificação de falsos-positivos, ou seja, descrição de características aromáticas que não estão, de fato, presentes naquela amostra de vinho. A manipulação do vinho, para que parecesse um Chardonnay envelhecido, não surtiu efeito, não modificando os descritores aromáticos. Na degustação em taças opacas, os descritores de vinho branco foram mantidos. A performance dos bebedores sociais de vinho, com taças opacas, foi pior que a dos *experts*.

A base neurofisiológica desses fenômenos é a ativação de áreas associativas corticais na presença de estímulos visuais e olfativos. O escaneamento cerebral por ressonância magnética de indivíduos expostos a odores e cores isoladamente ou combinados tem demonstrado que a atividade na região caudal do córtex orbitofrontal, no córtex insular e no hipocampo anterior aumenta progressivamente com a percepção da congruência semântica de pares odor/cor apresentados.

Fatores genéticos

Visão / A primeira característica do vinho que se revela ao degustador é o seu aspecto e, em particular, a sua cor. Como mencionado previamente, a discromatopsia tem uma prevalência que não é desprezível, sobretudo na população masculina. Cerca de 8% dos homens e 0,5% das mulheres apresentam alterações congênitas da visão colorida. Assim, a probabilidade de um degustador do sexo masculino não distinguir variações de tonalidade entre um vinho tinto jovem purpúreo e outro tinto mais evoluído, de cor vermelho-alaranjada, é concreta.

Gustação / A capacidade de percepção dos gostos básicos, particularmente o doce e o amargo, apresenta uma importante variação populacional cujos mecanismos gênicos começam a ser desvendados. A regulação genética da percepção gustativa de algumas substâncias químicas relacionadas, como a feniltiocarbamida (PTC) e o 6-n-propiltiouracil (PROP), é bem conhecida, existindo na população pessoas com e sem capacidade de sentir seu gosto amargo. Em relação ao PROP, descobriu-se uma divisão entre os indivíduos capazes de sentir o gosto amargo despertado por essa substância (*tasters*): alguns deles (*supertasters*) apresentam alta sensibilidade a essa substância, relatando o gosto do PROP como extremamente amargo. Ao que parece, o número de papilas fungiformes linguais varia para cada um desses fenótipos, sendo a sua densidade maior nos *supertasters*.

Há controvérsia quanto à relação das características genéticas e à percepção de outros sabores e sensações bucais. Segundo evidências, os *supertasters* percebem com mais intensidade o gosto de soluções concentradas de sacarose, ácido cítrico, cloreto de sódio e quinina. A percepção da doçura pode variar em função da sensibilidade ao PROP, mas a maior parte dos estudos aponta para um aumento da percepção de doçura nos *supertasters*.

Indivíduos que sentem o PROP como amargo ou extremamente amargo tendem a considerar a sensação oral do álcool irritante e desagradável e a consumir bebidas alcoólicas com menos frequência. Por conta disso a avaliação do vinho pode ser influenciada de acordo com o *status* do degustador quanto à percepção do PTC/PROP. Assim, os *tasters* e *supertasters* percebem mais intensamente a acidez, o amargor e a adstringência de vinhos tintos do que os outros indivíduos.

Olfação / A determinação genética da variação individual da capacidade olfativa relacionada a odorantes específicos é menos divulgada. São conhecidas algumas anosmias específicas cuja incidência em famílias parece seguir um padrão hereditário. Um dos compostos mais estudados é a androstenona, um esteroide cujo odor é associado ao suor e não é detectado por cerca de 6% da população, além de ser descrito como agradável ou ofensivo por diferentes grupos populacionais.

No que diz respeito ao vinho, a sensibilidade olfativa de um composto volátil, o álcool cis-3-hexen-1-ol, parece ser geneticamente determinada. Esse álcool está presente em frutos e hortaliças como a framboesa e o brócolis e também no vinho branco. Seu aroma é descrito como o de grama cortada, e a capacidade de percebê-lo está ligada a um gene que codifica o receptor de odorantes OR2J3 situado no cromossomo 6q. Existem cinco haplotipos, e algumas substituições de aminoácidos como as denominadas T113A e R226Q diminuem a capacidade sensitiva para o cis-3-hexen-1-ol. A presença concomitante das duas substituições abole a sensibilidade olfativa a esse composto. O cis-3-hexen-1-ol foi descrito como componente aromático de vinhos das variedades Riesling, Sauvignon Blanc e Pinot Noir.

Fatores psicológicos
Se o degustador conhecer as características qualitativas não intrínsecas do vinho, como sua reputação, classificação ou preço, estas podem influenciar a avaliação que pode ser baseada em protótipos do seu repertório.

Um estudo[4] comparou, por análise léxica, os comentários de um painel de degustadores, a quem foi oferecido um mesmo vinho de Bordeaux, de qualidade mediana, com uma semana de intervalo. Nas duas ocasiões o vinho foi rotulado diferentemente, como Vin de Table ou como Grand Cru. O conjunto de descritores variou com termos associados à descrição de grandes vinhos sendo empregados para o vinho rotulado como Grand Cru, enquanto para o vinho rotulado como Vin de Table empregaram-se termos como "simples" e "desbalanceado". Esse fenômeno foi chamado de "percepção expectativa".

A informação sobre o preço do vinho e o momento em que esta é fornecida ao degustador são fatores que influenciam o julgamento de qualidade da bebida. Em um experimento[5], um vinho considerado caro foi oferecido para ser avaliado a um painel de 135 indivíduos

(40% mulheres) e outro vinho, considerado barato, foi servido para avaliação de outro painel de 131 indivíduos (33% mulheres). Pelo desenho do estudo os indivíduos foram alocados aleatoriamente para avaliar o vinho barato ou o caro. Para cada grupo havia três possibilidades: receber instruções, degustar o vinho, receber e preencher um questionário de avaliação; receber instruções, incluindo o preço do vinho, degustar o vinho, receber e preencher um questionário de avaliação; receber instruções, degustar o vinho, receber um questionário de avaliação, incluindo o preço do vinho, e preenchê-lo. Concluiu-se que revelar o preço antes de sua degustação alterou a avaliação para melhor no caso do vinho caro, entre as mulheres. Entre os degustadores do gênero masculino, não se observou diferença. Essa revelação após a degustação, mas antes do registro da avaliação, não levou a diferenças significativas no julgamento do vinho.

Conhecimento / Treinamento

Uma questão frequente é sobre a habilidade do especialista em vinhos ser devida à sua maior capacidade perceptual ou à maior habilidade cognitiva desses indivíduos. A comparação de performance entre iniciantes e *experts* em vinho sugere, em experimentos que testam a memória em condições intencionais e incidentais, que o conhecimento, particularmente das características varietais dos vinhos e do vocabulário associado a elas, é um importante componente no desempenho do especialista em vinho.

Como já citado, os *experts* em vinho apresentam melhor desempenho na identificação aromática do que os iniciantes. Por outro lado, contrariando a visão de que o melhor desempenho dos *experts* no reconhecimento aromático seria devido à sua maior capacitação semântica, outro estudo do mesmo grupo concluiu que, ao menos no que diz respeito à olfação, a capacidade perceptual é crítica para o conhecimento de vinhos.

Comparando-se, por ressonância magnética, a ativação de áreas cerebrais de *sommeliers* e leigos após estímulo com glicose ou vinho, verificou-se que o padrão de atividade difere entre eles. A ativação do córtex pré-frontal dorsolateral é significante apenas nos *sommeliers*. Essa região, ligada a processos cognitivos de alto nível como a memória de trabalho e a seleção de estratégias comportamentais, pode ser importante na otimização ou modificação das estratégias comportamentais ligadas ao gosto. Essa diferença pode ser responsável pela sensitividade mais refinada na combinação das percepções olfatórias e gustativas dos *sommeliers*[6].

Linguagem

A representação fiel de nossas experiências depende fortemente da linguagem, responsável pela comunicação dessas experiências aos outros. A linguagem também é um instrumento para que nos lembremos das experiências, servindo, assim, à fixação da memória. No caso da memória perceptual, a linguagem em geral é pobre. Essa linguagem insuficiente para descrever percepções nem sempre é reconhecida, pois para outras lembranças ela costuma ser precisa. Criam-se, dessa maneira, condições para o aparecimento de ilusões de memória denominadas *verbal overshadowing*, nas quais a representação verbal gerada pode se superpor à própria memória perceptual. A degustação de vinhos envolve variação individual no que concerne à *expertise* perceptual (bebedores de vinho × não bebedores) e à *expertise* verbal (indivíduos treinados × não treinados). Ademais, memórias de gosto e olfação propiciam o *verbal overshadowing*. Um estudo[7] comparou a performance de indivíduos que bebiam vinho tinto menos de uma vez por mês (pouca ou nenhuma experiência perceptual) com indivíduos que o bebiam ao menos uma vez por mês (*expertise* perceptual moderada a alta) e com pouco ou nenhum treinamento (baixa *expertise* verbal) e *experts* na identificação de vinhos, previamente degustados e descritos, entre outras amostras. Os resultados revelam *verbal overshadowing* quando a discrepância entre a *expertise* perceptual e a verbal é muito grande. A performance dos iniciantes foi, no máximo, ligeiramente melhorada pela verbalização, enquanto a dos *experts* não foi modificada pela verbalização. O desempenho do grupo intermediário com *expertise* perceptual moderada a alta e baixa *expertise* verbal foi prejudicado pela verbalização.

Em um estudo[8] dos termos utilizados para a descrição dos atributos do vinho, verificou-se que a linguagem varia conforme a categoria e a capacitação dos degustadores. A comparação dos descritores do vinho empregados por consumidores comuns, por *connoisseurs* e por integrantes de um painel treinado para análise descritiva do vinho mostra que as descrições dos *connoisseurs* não explicam as expressões de apreciação ou rejeição dos consumidores. A linguagem utilizada por *experts* — frequentemente empregada nas orientações de compra de consumidores leigos — nem sempre corresponde à percepção destes. A análise multivariada dos descritores sensoriais e do léxico utilizado na descrição de vinhos mostrou que palavras similares podem se referir a diferentes percepções para conhecedores e leigos. A mesma palavra usada por um ou por outro desses grupos pode se referir a percepções sensoriais diversas; contrariamente, diferentes palavras empregadas por esses dois grupos podem se referir a uma única percepção sensorial. A análise descritiva sensorial, que descreve e quantifica acuradamente os atributos sensoriais dos vinhos, pode ser um instrumento valioso na tradução dos descritores utilizados pelos consumidores em atributos sensoriais bem definidos.

A degustação dos *experts* é supostamente analítica. Assim, a expressão dessa degustação deveria ser organizada em torno dos diferentes sentidos nela envolvidos: visão, olfação, gustação e somestesia (capacidade de percepção de estímulos dolorosos, táteis, de temperatura e de pressão). No entanto, um estudo[9] que utilizou um *software* específico para analisar a ocorrência de palavras em um texto e agrupá-las em campos léxicos — aplicado a quatro importantes guias de degustação — sugeriu que as notas de degustação neles constantes não seguem estritamente um modelo analítico sensorial. Os campos léxicos que foram estabelecidos pela análise contêm um descritor visual, um olfativo e outro gustativo, formando grupos associados a um tipo de vinho e criando protótipos de vinhos. O trabalho concluiu que a descrição dos *experts* é baseada em protótipos que se relacionam ao aspecto da cor do vinho. Além disso, as notas de degustação misturam propriedades sensoriais com outras não sensoriais, utilizam valores hedônicos e idealistas e são individuais, fazendo sentido principalmente para o próprio degustador. Cada *expert* possui suas próprias estratégias na construção de notas de degustação, não compartilhadas com seus colegas e provavelmente com os consumidores, o que dificulta o entendimento entre eles.

Os indivíduos ligados ao mercado de vinhos, como atacadistas, varejistas e importadores, caracterizam-se por terem uma grande experiência, mas pouco treinamento formal na avaliação dessa bebida. Frequentemente, suas decisões de compras são influenciadas pela análise de degustadores com maior nível de treinamento formal. Portanto, a eficácia da comunicação entre grupos de degustadores experimentados com diferentes níveis de treinamento formal em avaliação de vinhos é de grande importância para o negócio. A identificação de vinhos a partir de sua descrição pode ser uma medida da precisão desta e de seu valor comunicativo. A performance de dois grupos de degustadores no reconhecimento de três Chardonnays australianos, conforme suas descrições previamente feitas, foi estudada[10]. Um dos grupos era composto de indivíduos que trabalhavam em atividades relacionadas ao vinho mas não tinham treinamento formal. O outro era composto de estudantes de enologia com 109 horas de treinamento estruturado na avaliação de vinhos. Este último foi dividido em dois, com igual número de componentes. Um deles degustou e descreveu os vinhos, que foram, depois, fornecidos à outra metade dos estudantes treinados e ao grupo dos não treinados. Juntamente com os vinhos, foram fornecidas as descrições da metade dos estudantes treinados. O principal objeto da investigação foi o acerto de pareamento entre as descrições fornecidas e os vinhos pareados. Concluiu-se que o acerto foi maior, em ambos os grupos, do que o esperado se fosse devido somente ao acaso. No entanto, o desempenho do grupo treinado foi significativamente melhor.

Numa segunda fase do experimento, um grupo de enólogos fez descrições consensuais dos vinhos, que foram apresentadas ao grupo sem treinamento em outra sessão de degustação e pareamento. A performance no pareamento do grupo sem treinamento foi significativamente maior com as descrições consensuais, feitas pelos enólogos, do que com as descrições de seus pares. Os resultados parecem indicar também que as descrições são interpretadas, tanto pelo grupo sem treinamento quanto pelos treinados, de maneira sintética e não analítica.

Informação

A informação a respeito daquilo que está sendo degustado pode alterar a percepção sensorial, introduzindo um importante viés no julgamento. A identificação e a subsequente denominação dos odores são tarefas raramente consensuais. Constatou-se[11] que a identificação de aromas apresentados repetidas vezes é mais consistente quando não são fornecidas previamente listas com o nome dos odorantes e a escolha das denominações para os odores é livre e a cargo de cada degustador. Portanto, o fornecimento de pistas verbais diminui o desempenho na identificação de odores reapresentados.

A informação da identidade de um produto alimentício pode, em si mesma, influenciar a percepção dos gostos básicos. Em um experimento[12], dez soluções com concentrações variáveis de sacarose, NaCl, ácido tartárico, quinino e glutamato monossódico foram rotuladas com nomes de alimentos familiares para os degustadores (limão, caldo, bala de café e caramelo) ou com números aleatórios. Os degustadores que provaram as amostras rotuladas com nomes de alimentos atribuíram maiores índices de familiaridade e apreciação quando comparados aos índices atribuídos pelo grupo que provou as amostras rotuladas com números. Esse efeito aumentou com a percepção de congruência entre o nome do rótulo e o gosto da amostra.

DISCUSSÃO

/

A seção a respeito da anatomia e fisiologia dos órgãos dos sentidos, no início deste trabalho, mostra os avanços significativos obtidos nos últimos anos no entendimento dos mecanismos sensoriais do sistema olfatório. No que se refere ao vinho, um considerável volume de pesquisa científica tem investigado sua composição química e a relação entre seus componentes e suas características organolépticas.

Ter mais conhecimento sobre a composição química do vinho e uma melhor compreensão de como ela gera suas características organolépticas é insuficiente para solucionar as enormes dificuldades que envolvem a degustação de vinhos. A descrição química precisa do vinho não nos traz uma representação mental dele. O gosto está em nossa cabeça e não na garrafa, segundo um estudo de Frédéric Brochet de 1999. A elucidação dos mecanismos moleculares que atuam nos receptores sensoriais, além da descoberta das vias sensoriais aferentes e sua projeção central, tampouco basta para responder a uma questão fundamental da neurociência cognitiva: como a informação do estímulo é representada no sistema nervoso central? Algum avanço nessa área tem sido obtido por estudos que utilizam métodos como a ressonância magnética funcional e a tomografia por emissão de pósitrons.

Além dos aspectos exclusivamente sensoriais, outras influências, como as idealistas, hedônicas e a sua vivência, agem sobre o degustador. O caráter fenomenal das experiências sensoriais apresenta características intrínsecas, conscientemente acessíveis e não representacionais, suas *qualia*. Assim, a experiência sensorial é estritamente pessoal e, em particular no que concerne aos sensos químicos, de difícil comunicação. A comunicação do julgamento dos críticos, conforme já discutido, é prototípica e segue estratégias pessoais.

Essas dificuldades trazem, inevitavelmente, questionamentos sobre a exatidão e a reprodutibilidade das avaliações dos *experts* e dos críticos de vinho. A opinião dos críticos está longe da uniformidade. Um estudo[13] comparou as avaliações de três críticos reputados (Robert Parker, Jancis Robinson e James Suckling) dos vinhos de Bordeaux, da safra de 2004. Concluiu-se que a concordância entre Parker e Suckling foi razoável, enquanto entre Parker e Robinson houve considerável discordância.

Outro estudo[14] foi desenhado para verificar se os consumidores reconheciam vinhos usando sua descrição por críticos especializados. Inicialmente, o discernimento degustativo dos participantes foi examinado por um teste triangular. Entre os indivíduos que foram capazes de distinguir o vinho diferente no teste triangular e, portanto, com bom discernimento degustativo, apenas 51% conseguiram parear os vinhos com as suas respectivas descrições constantes na revista *The Wine Advocate*.

A consistência de juízes de concursos de vinhos na atribuição de notas ou nas premiações é muito importante quando esses *experts* participam de avaliações seguidas em grandes concursos ou em concursos consecutivos, onde os mesmos vinhos podem estar presentes para julgamento. Para investigar essa qualidade dos jurados e sua performance geral, um estudo[15] foi efetuado durante quatro edições consecutivas de uma grande feira californiana de vinhos (California State Fair, de 2005 a 2008). Nessa competição, a cada ano, no período de avaliação, são degustados cerca de 3 mil vinhos, em 4 a 6 *flights* por dia. Os *flights* eram constituídos, habitualmente, de 30 vinhos. Quatro amostras triplicadas (mesmo vinho, da mesma garrafa) foram servidas a 16 painéis de jurados, inseridas em um dos *flights*. Investigou-se a habilidade de um jurado de ser consistente ao avaliar amostras replicadas de um vinho idêntico. Segundo os achados, os juízes foram perfeitamente consistentes em apenas 18% dos casos, predominando os vinhos menos pontuados. Concluiu-se também que a melhor performance em relação à consistência observada em um ano não se correlaciona com a apresentada no ano seguinte. Uma análise de variância para cada painel verificou se a fonte da variação eram a qualidade do vinho, o viés e a inconsistência dos jurados ou ambos. A compilação dessas análises, de 2005 a 2008, mostrou que em apenas 50% das vezes o vinho foi o fator significante da nota atribuída. Para a outra metade, outros fatores desempenharam um papel significante na nota atribuída.

Quando foram avaliadas as premiações atribuídas a vinhos participantes de concursos, ficou evidente uma forte inconsistência. Um estudo[16] com vinhos participantes de 13 concursos californianos identificou, a partir de uma base de dados de 4.167 vinhos (California Grapevine), 375 presentes nas mesmas cinco competições. Destes, nenhum recebeu medalha de ouro nas cinco competições ou em quatro delas. Seis vinhos ganharam três medalhas de ouro, 20 receberam duas e 106 apenas uma. Cerca de 75% dos vinhos que receberam uma medalha de ouro ficaram sem premiação nos outros concursos, enquanto 23% deles receberam medalha de bronze. Assim, a possibilidade de ganhar ao menos uma medalha de ouro para esses vinhos que participaram das cinco competições é alta (35%). Por outro lado, 98% dos vinhos ganhadores de medalha de ouro não conquistaram medalhas ou receberam medalha de bronze em, ao menos, uma das outras quatro competições.

Quando as medalhas conferidas foram convertidas para *scores* numéricos, utilizando-se uma escala de 18 pontos iniciando em 80 (vinhos sem medalha), verificou-se que as correlações entre as pontuações atribuídas aos vinhos nas 13 competições foram muito fracas, sendo a melhor 0,33 e a correlação mediana apenas 0,10. Portanto, a performance de um vinho em um concurso não se correlaciona com a apresentada em outra competição.

Concluiu-se que praticamente não houve consenso sobre a qualidade dos vinhos nas 13 competições. É bem possível que vinhos premiados com uma medalha de ouro em uma competição não recebam premiação ou recebam outra medalha em outros concursos e que a chance de ganhar uma medalha de ouro seja estatisticamente explicada pelo acaso. Talvez essas disparidades possam ser explicadas pela inconsistência dos jurados.

Apesar dessas limitações, uma parte considerável do mercado de vinhos de qualidade é influenciada por opiniões pessoais de críticos ou de grupos de críticos que representam publicações especializadas.

Os críticos agem de duas formas: como juízes, aplicando seu treinamento, conhecimento e experiência para decidir se o vinho atende a determinados padrões convencionais aprovados para aquela tipologia ou, quando não há padrões estabelecidos, determinando esses padrões, baseados em suas preferências idiossincráticas. Essa atividade crítica influencia os consumidores que se baseiam nessas informações (notas de degustação, pontuações) para definir suas opções de compra.

Além disso, os parâmetros de qualidade empregados pelos críticos para a avaliação dos vinhos são utilizados pelos produtores nas suas estratégias de produção e precificação. Uma decorrência preocupante dessas constatações é que os produtores, movidos por pressões de mercado geradas pelas avaliações de críticos influentes, comecem a elaborar estereótipos de vinhos desenhados para atender a essa demanda específica. O resultado disso poderia ser a homogeneização dos vinhos produzidos para atender ao gosto pessoal de determinado crítico, que, por sua vez, atribui notas mais altas ao vinho que terá maior sucesso comercial. Esse processo levaria a uma diminuição da diversidade e a uma ameaça para a tipicidade dos vinhos de *terroir*.

A influência da pontuação de *experts* sobre o preço dos vinhos é assunto de forte debate. Para avaliar essa interferência no mercado, um estudo[17] de grande porte foi levado a cabo segundo três bases estruturadas de dados geradas por pesquisas conduzidas pelo Instituto Nacional do Consumo da França em 1992, 1993 e 2001. A primeira amostra era constituída de 519 vinhos de Bordeaux, a segunda de 613 vinhos da Borgonha e a terceira de 255 vinhos de Bordeaux. Utilizou-se a técnica denominada "funções de preço hedônico", que consiste na análise de regressão do preço contra outras características para determinar quais delas têm um efeito significativo. No estudo em questão as características objetivas investigadas em cada um dos vinhos dos três conjuntos foram: nome, cor, *ranking*, denominação de origem e safra. As características sensoriais foram estabelecidas pela degustação às cegas por *experts* e pelo registro de suas impressões olfatórias e gustativas. Os degustadores atribuíram notas de 0 a 20 aos vinhos, como medida de qualidade. Concluíram que a maior parte das diferenças de preço entre os vinhos desses conjuntos deveu-se a dados objetivos, disponíveis no rótulo para o consumidor, como o *ranking*, a safra e a denominação de origem. A pontuação dos *experts* tem um significante impacto positivo sobre o preço do vinho, embora menor do que qualquer variável objetiva.

Um estudo norte-americano[18] investigou a relação preço/qualidade dos vinhos californianos usando o modelo de índices de qualidade. Os índices utilizados foram medalhas ganhas em nove eventos de degustação, em 1995. Uma medalha ganha em determinada degustação conferia um índice de qualidade específico àquele vinho, sendo o valor atribuído igual a 1. Aos vinhos sem medalha, atribuiu-se o valor 0. Assim, por exemplo, a variável SFMEDAL (medalha na feira de San Francisco) assumia o valor 1 quando o vinho recebia medalha e 0 quando não recebia.

A amostra consistiu em 1.884 vinhos diferentes que ganharam ao menos uma medalha em um desses eventos de degustação, em 1995. Essa investigação visava determinar quais índices seriam as melhores medidas de qualidade dos vinhos e a sua relação com o preço final ao consumidor. A inscrição nesses eventos requeria a informação do preço sugerido de varejo.

Demonstrou-se que algumas degustações (San Francisco, Orange County, Sacramento e Riverside) tiveram maior impacto positivo na composição dos preços, enquanto outras (New World International e San Diego) parecem ter um significante impacto negativo. Vinhos varietais de Cabernet Sauvignon, Chardonnay, Pinot Noir e Merlot apresentaram preços acima da média.

Uma medalha na degustação de San Francisco acrescentou US$ 3,65 ao preço de uma garrafa do vinho. Na degustação de Orange County a medalha adicionou US$ 2,33, na de Sacramento houve acréscimo de US$ 1,89 e, em Riverside, o aumento foi de US$ 2,02. As degustações de New World International e San Diego subtraíram, respectivamente, US$ 1,14 e US$ 1,02 do preço de uma garrafa.

Chardonnays de quatro anos de idade apresentaram preços US$ 3,36 acima do esperado. Para os Cabernet Sauvignon, ganhar uma medalha na degustação de San Francisco implicou um aumento de preço de aproximadamente US$ 6,07. Medalhas em San Francisco ou na degustação de Sacramento aumentaram o preço de uma garrafa de Merlot em cerca de US$ 3,50. Para medalhas conferidas na degustação de Orange County, o acréscimo foi de US$ 2,86. Em relação aos vinhos de Pinot Noir, o fato de ter ganhado uma medalha na degustação de San Francisco acarretou um aumento de cerca de US$ 5,32. Concluiu-se que ganhar uma medalha nas degustações de San Francisco, Orange County e/ou Sacramento está associado com maior preço e qualidade para o vinho premiado.

O impacto das notas do influente crítico norte-americano Robert Parker no estabelecimento dos preços ficou demonstrado[19] nos vinhos de Bordeaux da safra de 2002. De 1994 a 2002, Parker visitou Bordeaux, na primavera seguinte à safra, para provar os vinhos *en primeur*. As notas, por ele conferidas, habitualmente eram publicadas na edição de abril de sua revista, a *Wine Advocate*, e os produtores fixavam os preços de venda *en primeur* algumas semanas depois. Em 2003, Parker visitou a região e avaliou os vinhos no começo de setembro, quando os preços já haviam sido atribuídos. Compararam-se então a média das notas atribuídas aos vinhos e os preços médios das duas safras. As notas da safra de 2001 foram ligeiramente maiores do que as de 2002, e a aparente qualidade das duas foi semelhante. Entretanto, a diferença entre os preços das duas safras é marcante. A safra de 2001 foi, na média, 3 euros mais cara por garrafa do que a de 2002. A variação de preço foi também muito mais alta para a safra anterior. Da mesma forma, a correlação notas/preço foi mais forte para essa safra do que para a de 2002. O impacto nos preços é bem mais notável nos vinhos que receberam pontuações mais altas, chegando a 10 euros por garrafa.

Dentro de um conceito econômico clássico de que, em um mercado estável, com consumidores bem informados, os preços permanecem em equilíbrio, seria esperado que a atuação dos críticos de vinho, trazendo maior conhecimento aos consumidores, contribuiria para a convergência dos preços a um equilíbrio ajustado à qualidade. Porém um estudo[20] sobre a influência da crítica no desvio dos preços do equilíbrio predito, ajustado pela qualidade, com informação plena, chegou à conclusão de que ocorre o oposto. Foram estudados vinhos norte-americanos avaliados pela revista especializada *Wine Spectator* entre 1984 e 2008. A dispersão da relação preço/qualidade aumentou com o nível de exposição do vinho à crítica no passado. A dispersão também aumentou com o nível de pontuações máximas obtidas pelo vinho. Isso se acentua quando a diferença entre a pontuação máxima e a média das pontuações é grande. Esses dois efeitos são mais intensos na faixa de vinhos de menor qualidade, impondo um sobrepreço a vinhos medíocres

Outra interessante investigação[21] estudou a relação das notas atribuídas ao vinho degustado às cegas e seu preço. Foram degustados 523 vinhos por 506 voluntários, em 17 sessões de degustação duplo-cegas (nem os responsáveis pelo serviço nem os degustadores tinham nenhuma informação sobre o vinho, exceto sua cor). Cerca de 12% dos participantes tinham algum treinamento em avaliação de vinhos e foram denominados *experts*. Os resultados indicam que a correlação entre pontuação e preço é pequena e negativa. Na média, exceto para os *experts*, os degustadores tendem a apreciar um pouco menos os vinhos mais caros. Outra consideração com base nesses resultados é que os consumidores médios podem não se beneficiar das avaliações feitas por *experts* simplesmente porque não gostam do mesmo tipo de vinho que esses *experts*.

Diante de todas essas dificuldades e incertezas na informação que é fornecida ao mercado de vinhos e particularmente ao consumidor final leigo por *experts* e críticos especializados, como proceder para a escolha correta do vinho a ser adquirido? Como estar seguro de que as características do vinho descritas por críticos correspondem às sensações que experimentaremos ao consumir aquele vinho?

A análise quantitativa descritiva pode ser um instrumento confiável para determinar o perfil sensorial dos vinhos. Suas vantagens seriam a confiança no julgamento de uma equipe de 10 a 12 degustadores treinados; o desenvolvimento de uma linguagem objetiva, mais próxima à do consumidor; o desenvolvimento consensual da terminologia descritiva a ser utilizada; e as repetições dos testes às cegas por todos os julgadores, com análise estatística. Como discutido previamente, a aplicação da análise sensorial quantitativa descritiva é complexa e difícil, sendo sua adoção como instrumento gerador das informações para a comunicação da indústria vinícola com o público leigo ainda muito restrita. Métodos alternativos têm sido propostos, como o Napping®, que avalia séries de amostras pela sua distribuição geométrica em um espaço bidimensional, de acordo com similaridades ou diferenças entre elas constatadas pelos avaliadores, complementado por métodos descritivos como o *ultra-flash profile* e o *free profile*. Características específicas do vinho, como a sua adstringência, podem ser avaliadas e descritas tanto pela análise descritiva convencional quanto por meios mais simples, como o método descritivo baseado nas frequências de citação para o perfil e perfil por livre escolha para avaliar a cor e o aspecto.

Ainda assim, essas formas mais precisas de descrição sensorial são pouco utilizadas para orientação do consumidor. Uma alternativa seria a proposta de Jancis Robinson, segundo a qual o consumidor ganharia se acompanhasse as opiniões de um só crítico e fizesse a correlação dos comentários deste com a sua própria opinião, de forma que entendesse o gosto e as preferências dele. Essa correlação formaria a base de interpretação de futuros comentários, facilitando a escolha no momento da compra de vinhos[22].

Vimos que as informações geradas pela crítica especializada são frequentemente inconsistentes e de difícil interpretação. Termos utilizados em seus comentários muitas vezes são imprecisos e guardam pouca relação com as sensações habitualmente percebidas pelos consumidores. A análise sensorial rotineira, com metodologia científica, é de difícil implementação e exigiria que seus resultados fossem transcritos em linguagem corrente do consumidor comum. Conclui-se que o consumidor amador de vinhos está desamparado quando procura orientação para a compra de garrafas que atendam às suas preferências.

Acredito firmemente que a melhor alternativa para o verdadeiro apreciador de vinhos é pertencer aos quadros de uma associação de enófilos e participar das sessões de degustação por ela organizadas. Dessa forma, ele poderá degustar e discutir numerosos vinhos com seus pares sem ter de comprá-los e, após ter sua opinião formada, adquirir com segurança aqueles de sua predileção.

NOTAS

/

1. Robert A. Frank e Jennifer Byram. "Taste-smell interactions are tastant and odorant dependent". *Chem Senses*, 13(3): 445-55, 1988.
2. Gil Morrot *et al*. "The color of odors". *Brain Lang*, 79(2):309--20, 2001.
3. Wendy V. Parr *et al*. "The nose knows: Influence of colour on perception of wine aroma". *J Wine Res.*, 14(2-3): 79-101, 2003.
4. Frédéric Brochet e Gil Morrot. "Influence du contexte sur la perception du vin implications cognitives et méthodologiques". *J Int Sci Vigne Vin*, 33(4):187-9, 1999.
5. Johan Almenberg e Anna Dreber. "When does the price affect the taste? Results from a wine experiment". *SSE/EFI Working Paper Series in Economics and Finance*, nº 717, 2009. Acesso em: fev. 2014. Disponível em: http://hdl. handle. net/10419/56240.
6. Alessandro Castriota-Scanderbeg *et al*. "The appreciation of wine by sommeliers: a functional magnetic resonance study of sensory integration". *Neuroimage*, 25(2):570-8, 2005.

7. Joseph M. Melcher e Jonathan W. Schooler. "The misremembrance of wines past: Verbal and perceptual expertise differentially mediate verbal overshadowing of taste memory". *J Mem Lang*, 35(2):231-45, 1996.
8. Isabelle Lesschaeve. "The use of sensory descriptive analysis to gain a better understanding of consumer wine language". *In: 3rd International Wine Business & Marketing Research Conference Ecole Nationale Supérieure Agronomique*. Montpellier, França, 6-7-8 jul. 2006. Acesso em: fev. 2014. Disponível em: http://academyofwinebusiness.com/wp-content/uploads/2010/05/Lesschaeve. rtf. Pdf.
9. Frédéric Brochet e Denis Dubourdieu. "Wine descriptive language supports cognitive specificity of chemical senses". *Brain Lang*, 77(2):187-96, 2001.
10. Richard Gawel. "The use of language by trained and untrained experienced wine tasters". *J Sens Stud.*, 12(4):267-84, 1997.
11. Claire Sulmont-Rossé et al. "Odor naming methodology: correct identification with multiple-choice *versus* repeatable identification in a free task". *Chem Senses*, 30(1):23-7, 2005.
12. Masako Okamoto et al. "Influences of food-name labels on perceived tastes". *Chem Senses*, 34(3):187-94, 2009.
13. Dom Cicchetti. "Documented disagreement among wine experts: a rational response for consumers". *In: AAWE 4th Annual Conference UC Davis*. Davis, Califórnia, 25-28 jun. 2010. Acesso em: mar. 2014. Disponível em: http://aic. ucdavis. edu/aaweconf/abstracts/Cicchetti. Pdf.
14. Roman L. Weil. "Debunking critics' wine words: can one distinguish the smell of asphalt from the taste of cherries? (No Accounting for Taste)". *J Wine Econ.*, 2(2):136-44, 2007.
15. Robert T. Hodgson. "An examination of judge reliability at a major U. S. wine competition". *J Wine Econ.*, 3(2):105-13, 2008.
16. Robert T. Hodgson. "An analysis of the concordance among 13 U. S. wine competitions. *J Wine Econ.*, 4(1):1-9, 2009.
17. Sébastien Lecocq e Michael Visser. "What determines wine prices: objective *vs.* sensory characteristics". *J Wine Econ.*, 1(1): 42--56, 2006.

18. Tony Lima."Price and quality in the California wine industry: an empirical investigation". *J Wine Econ.*, 1(2):176-90, 2006.
19. Héla Hadj Ali, Sébastien Lecocq e Michael Visser. "The impact of gurus: Parker grades and en primeur wine prices", 2007. Acesso em: dez. 2013. Disponível em: http://ermes.u-paris2.fr/doctrav/0718.Pdf.
20. Karl Storchmann, Alexander Mitterling e Aaron Lee. "The detrimental effect of expert opinion on price-quality dispersion evidence from the wine market". *AAWE Working Paper. Economics*, n° 118, 2012. Acesso em: dez. 2013. Disponível em: http://www.wine-economics.org/aawe/wp-content/uploads/2012/10/AAWE_WP118.Pdf.
21. Robin Goldstein *et al.* "Do more expensive wines taste better? Evidence from a large sample of blind tastings". *J Wine Econ.*, 3(1): 1-9, 2008.
22. Jancis Robinson. *Confissões de uma amante de vinhos*. São Paulo: DBA Artes Gráficas, 2008, p. 259.

GRÁFICA PAYM
Tel. [11] 4392-3344
paym@graficapaym.com.br